中国十二生肖民俗与科学文化艺术丛书

生肖—牛的民俗与科学文化艺术

（送给属牛、姓牛朋友的礼物）

张玉海　编著

金盾出版社

内容提要

本书记述了生肖牛的起源、生肖牛的形象及演变、自然界中的牛、生肖牛与天地人的有关传说、生肖牛的民俗礼仪、生肖牛的文字文化、生肖牛年发生的大事和出生的名人。内容丰富翔实、风趣历练，不仅为姓牛和属牛的朋友写了一部赞歌，也是广大喜欢牛文化朋友阅读的佳作，更是亲朋好友赠送属牛人的上等礼物。

图书在版编目（CIP）数据

生肖——牛的民俗与科学文化艺术 / 张玉海 编著. —北京：金盾出版社，2016.1

（中国十二生肖民俗与科学文化艺术丛书）

ISBN 978-7-5082-8903-8

Ⅰ.①生… Ⅱ.①张… Ⅲ.①十二生肖—文化 Ⅳ.①K892.21

中国版本图书馆CIP数据核字（2013）第244006号

金盾出版社出版、总发行

北京太平路5号（地铁万寿路站往南）

邮政编码：100036　电话：68214039　83219215

传真：68276683　网址：www.jdcbs.cn

封面印刷：北京盛世双龙印刷有限公司

正文印刷：三河市双峰印刷装订有限公司

装订：三河市双峰印刷装订有限公司

各地新华书店经销

开本：880毫米×1230毫米　1/32　印张：5.25　字数：150千字

2016年1月第1版　第1次印刷

印数：1～4 000册　定价：16.00元

序

生肖也称属相，它既代表某一年，又代表一个人出生的年份。

十二生肖也称十二年兽，以鼠、牛、虎、兔、蛇、马、羊、猴、鸡、狗、猪代表十一种动物，而龙则是几种动物的合成——组合体。十个天干与十二个地支相配合，周而复始，六十年一循环，这就是干支纪元法。

生肖在我国生肖文化中源远流长。1975 年湖北云梦县睡虎地十一号墓出土的竹简，证实十二生肖在战国时期已经存在，隋唐时期，王度在《古镜记》中，把十二生肖称为“十二良畜”。宋朝时十二生肖的名称有“十二虫”和“十二时”两种叫法。清代有“十二禽象”的说法，民国时期还有“十二支神”的提法。

我国自古以来就是一个多民族共同发展的国家，生肖文化也不例外，蒙古族、彝族等与汉族的十二生肖基本一致，傣族、黎族、纳西族与汉族稍有区别。海南黎族的十二生肖以鸡、狗、猪、鼠、牛、虫、兔、龙、蛇、马、羊、猴的顺序排序；纳西族是按猴、鸡、狗、猪、鼠、牛、虎、兔、龙、蛇、马、羊的顺序排列。

在国外，印度的十二生肖与中国近似，为鼠、牛、狮、兔、龙、蛇、鸟、羊、猴、马、狗、猪。日本、朝鲜、越南、柬埔寨的十二生肖与中国也大致相同。越南则用猫代替了兔，柬埔寨的十二生肖是以“牛”为始。

“全国十二个，人人有一个。”20 世纪 70 年代，日本首相田中角荣访华时，曾向周恩来总理出了个谜语，周总理听后开怀大笑，脱口而出：“十二生肖”（原载 1989 年 2 月 6 日《人民日报》海外版）。这个小故事说明十二生肖影响之广远。

从某种意义上讲，十二生肖为我们提供了一套“活文物”。从中可以发掘几千年中华文化的积淀。生肖文化涉及中国文化的各个领域，包括天文学、数学、哲学、民俗学、文学等，也触及了二十八星宿天文知识、天干地支、阴阳五行、生辰八字、更时节庆、人文礼仪、宗教知识、衣食住行、命运前程、文化艺术等方方面面，与老百姓息息相关。

但是，长久以来，由于种种原因，广大人民群众不能用科学的方法解释十二生肖，在认识、使用等方面存在着种种误区，诸如：××年份不好，天灾人祸屡屡发生；××属相与××属相相克，不能结婚……

历史、科学、文化都是人民创造的，我们文史工作者的任务之一，就是把历史、科学文化还给人民。为了编好这套书，编者们成立了由张昆岭担任主任，朱振平、李淑琴担任副主任，赵洁、张玉海、胡紫杰为委员的丛书编委会，经过全体人员近三年的努力，这套书即将出版，我由衷的敬佩，热烈祝贺。

本套丛书有几个特点：第一，科学发展观是一条从始至终贯穿的线，不搞封建迷信，不搞盲目崇拜；第二，知识面广，上自天文天象，下到人的脾气、禀性，无所不容，名人大事，有根有据；第三，富有文采，读起来情趣盎然。

本丛书共十二册，一个生肖一册，既可作为贺岁、生日的礼品，结婚的纪念品赠送亲朋好友；也可作为了解中国文化的读物。欢迎专家批评指正。

刘铁梁

（刘铁梁：民俗学专家、北京师范大学教授）

前 言

生肖作为一种便于数年纪岁的传统方式及寄托吉祥祝福之意的愿望，已经融入到人们生产生活的方方面面。肖牛作为十二生肖中美好的一员，温良恭顺的习性和踏实肯干的精神在人们心中留有美好的印象，在华夏广袤的土地上充分展示了其深厚的历史文化底蕴，并彰显出与之相关的传统文化所独有的魅力。作者通过搜集整理与牛相关的资料，参照近年来各种与生肖牛相关的研究成果，力图使牛姓朋友、属牛的朋友以及爱牛的朋友对生肖之牛有更深入的了解。

中国远古社会是农耕社会，牛与人们的生产生活关系密切，牛崇拜是崇拜祖先、重视农耕和祈求丰收等农耕民族文化的外在表现，因此，本书在开篇中就对肖牛的起源与演变做了简要介绍，以便于满足属牛的朋友对生肖牛渊源的好奇心。在介绍自然界的牛中，作者紧密结合生肖牛的外形、习性、作用及其与人类的关系等，高度概括出牛的种类与沿革，为爱牛、养牛的朋友们提供一些可供查阅的资料。

作为一种图腾文化，从古至今人们爱牛、敬牛，肖牛文化也就逐渐渗透在日常礼仪习俗中，是人生礼仪中所不可缺少的灵物。民间肖牛崇信部分正是通过风俗节日、娱乐活动等方面向属牛、爱牛的朋友展现了牛文化与人之间千丝万缕的联系。牛温良恭顺的习性和踏实肯干的精神，使人们对牛的喜爱之情不但渗透在民风民俗中，更在文人雅士的笔下变得丰富多彩，形成表情达意的语言形式，神话传说、咏牛古诗文、成语典故、谚语俗语等，无一不是牛生肖文化中的一笔宝贵财富。当然，牛不仅是一种图腾，更是一种精神，代表的是一种力量，也是中华精神话语生成的宝贵资源之一。一些经典牛意象，已定格为民族精神的肖像画。因此，本书在最后部分主要介绍了我国历代的生肖名人，既有帝王将相，亦有平民百姓；既有儒雅俊士，阳刚武将，亦有贤淑名媛，巾帼英雄，林林总总，不一而足，但无一例外都将激励着人们不断超越完善自我。

本书在编写过程中，从百度网搜录了一些民间文学资料等，恕不一一列出，编者已通过各种途径向权利人支付了稿酬，但有些作者实在无法联系。希望以上同仁及时与我们联系，以便奉上稿酬和样书。特别需要提出的是，本书在写作过程中承蒙民俗专家、北京师范大学刘铁梁教授、首都师范大学张昆岭副教授的关心，在此一并表示感谢。

本书由于编者水平有限，错误之处在所难免，希望广大读者多加批评指正。

作者

作者简介

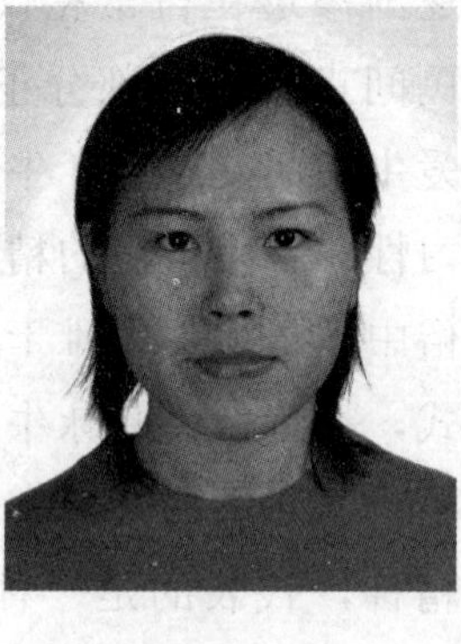

张玉海，女，1980年5月出生于北京。毕业于北京师范大学汉语言文学系，获北京师范大学文学学士学位及北京外国语大学文学学士学位。自幼酷爱文学，对古典文学、语言文字、民俗等均有研习。现任语文教师，深优课曾获全国一等奖，研究撰写的论文曾获全国一等奖，所作研究课题多次获得国家、市、区一二等奖，多次做民间文学的演讲报告，均受好评。

目 录

第一章 肖牛形象的起源与演变…………………… 1
一、十二生肖的起源………………………………………… 1
二、生肖的相关记载………………………………………… 2
三、肖牛与十二属相………………………………………… 5
四、肖牛与图腾崇拜………………………………………… 10
五、肖牛形象的演变………………………………………… 18
六、肖牛的象征意义………………………………………… 19
第二章 肖牛万象…………………………………… 25
一、牛科动物的起源………………………………………… 25
二、形形色色的野牛………………………………………… 28
三、中国的驯牛史…………………………………………… 34
四、我国种类繁多的家牛…………………………………… 36
五、我国引进的牛种………………………………………… 41
六、牛的近亲和远亲………………………………………… 43
七、牛的趣闻………………………………………………… 44
八、牛全身都是宝…………………………………………… 46
第三章 民间对肖牛的崇信………………………… 50
一、中国古代的牛崇信……………………………………… 50
二、牛是春耕的顶梁柱……………………………………… 51

三、各地肖牛迎春习俗……………………………………56
四、少数民族节日敬牛习俗…………………………………59
五、与牛相关的人生礼俗……………………………………65
六、与人同乐——与牛相关的娱乐活动……………………72
七、肖牛的性格与才能说……………………………………77

第四章 肖牛文化……………………………………83

一、说文解牛…………………………………………………83
二、牛姓来历…………………………………………………84
三、肖牛的故事传说…………………………………………90
四、咏牛古诗词………………………………………………94
五、肖牛成语及典故…………………………………………98
六、肖牛谚语俗语拾趣………………………………………111
七、牛年春联…………………………………………………119
八、肖牛地名什锦……………………………………………130

第五章 牛人牛事……………………………………136

一、牛姓名人…………………………………………………136
二、牛年出生的中国名人……………………………………139
三、牛年出生的外国名人……………………………………149
四、牛年发生的大事…………………………………………152

参考文献……………………………………………158

第一章　肖牛形象的起源与演变

从盘古开天辟地，三皇五帝到如今，凡是炎黄子孙只要从出生之日起就有一个与之相伴的生肖相随一生，从而形成一道靓丽的人生风景。生肖作为一种便于数年纪岁的传统方式及寄托吉祥祝福之意的愿望，已经融入到人们生产生活的方方面面。在华夏广袤的土地上，生肖文化充分展示了深厚的历史文化底蕴，并彰显出中国传统文化独特的魅力。

一、十二生肖的起源

生肖，也称属相，在中国表示年份和人的出生日期。生肖纪年是一年一个属相，十二年一轮回，循环往复，延绵不断。生肖纪年附属于干支纪年，用十二地支配合十二种动物名称。这十二种动物分别是：鼠、牛、虎、兔、龙、蛇、马、羊、猴、鸡、狗、猪。谈生肖，就应该了解干支纪年法。

生肖的来历和我国古代历法相关。在我国古代有六种历法，即：黄帝历、颛顼历、夏历、殷历、周历和鲁历。夏朝完备了农历历法，所以农历又称夏历，采用天干地支编排年号和日期纪年。

天干地支合称“干支”，为中国古代用来表示年、月、日、时的次序。天干共有十个符号：甲、乙、丙、丁、戊、己、庚、辛、壬、癸统称为十天干，而子、丑、寅、卯、辰、巳、午、未、申、酉、戌、亥则被称为十二地支。在殷墟出土的文物中，有甲骨上刻着完整的六十个甲子，说明我国至少在商朝时就已经开始使用干支纪年了。

干支纪年是我国传统的纪年方法。具体来讲，就是将十天干和十二地支按顺序两两相配，天干的单数配地支的单数，天干的双数配地支的双数，如此，每六十年就是一个周期（第一年为“甲子”，第二年为“乙丑”，第三年则为“丙寅”，以此类推，周而复始），民间称之为“六十年花甲子”。干支纪年法在我国古代一直使用，从未间断。近代诸如我们熟悉的“甲午战争”“戊戌变法”“辛亥革命”等采用的也都是干支纪年法。

十二生肖是采用天干配地支纪年的同时，又用十二地支各配一种相应的动物名字表示这一年的顺序和名称。其排列顺序为：子鼠、丑牛、寅虎、卯兔、辰龙、巳蛇、午马、未羊、申猴、酉鸡、戌狗、亥猪（见图1-1）。如农历乙丑年俗称牛年，这一年出生的人就属牛。

图1-1　十二生肖图案

二、生肖的相关记载

生肖的来源有各种说法，关于十二生肖的记载，在现有的文献中，以中国第一部诗歌总集《诗经》为最早。《诗经·小雅·吉日》中有：“吉日庚午，即差我马”八个字，《毛诗·注疏》：“午为马”，意思是庚午吉日时辰好，是跃马出猎的好日子，这是将午与马相对应的例子。可见在春秋前后，地支与十二种动物的对应关系已经确立并流传。

生肖观念实际上是远古动物崇拜意识的反映。先民认为万物有灵，希望某些事物的特性能转移到人的身上，在先民看来，人和动物之间存在某种神秘的联系。通过长期经验积累，他们对有些动物具有的特殊本领产生畏惧或羡慕的心理。如对马、羊、牛、鸡、犬等与自己生活息息相关的动物产生一种依赖感，对危害自身安全的动物如虎、蛇产生一种恐惧感，对一些超过人类的动物器官功能如狗的嗅觉等产生崇敬感，又由这种畏惧和羡慕产生崇拜，并希望这些动物的特性转移到自己身上来。他们希望能像马一样飞快地奔跑，像牛一样有力，像虎一样勇猛，像猴子一样灵活，像羊一样温顺等。于是产生了对动物的图腾崇拜，而十二生肖动物便是人们在动物崇拜的原始信仰影响下产生的用来纪年的兽历。先民用动物命名生肖，将这种动物的名号用于己身，以寄托像动物一样顺利健康成长的美好愿望。

古人的动物崇拜还表现在傩舞等原始舞蹈上，傩大约产生于周代前后，大傩仪式中的主角是方相氏和十二神兽。驱傩舞蹈选中十二兽，是原始人对动物崇敬心理的表现。大傩仪式上选中的十二兽是为照应一年十二个月份，以求驱除四方疫鬼，月月平安。对十二个方位的照应当然牵涉到十二地支，于是与十二生肖相合，在驱傩仪式中的十二属相被派上逢凶化吉的用途。由此可以看出十二神兽、十二生肖是一脉相承的，它们共同的来源都是原始动物崇拜。

1975年，在湖北云梦县睡虎地十一号墓出土的竹简，里面有关于生肖的记录，进一步证明十二生肖在春秋前后已存在。出土竹简的《日书》甲种有一章标题为《盗者》，其内容为占卜盗者相貌特征，其中记载有：子，鼠也。盗者兑口，希须，善弄手，黑色，面有黑子焉，疵在耳。丑，牛也。盗者大鼻，长颈，大辟臑而偻，疵在目。寅，虎也。盗者壮，希须，面有黑焉，不全于身，从以上辟臑梗，大疵在辟。卯，兔也。盗者大面，头，疵在鼻。辰，盗者男子，青赤色，为人不毂，要有疵虫也。巳，虫也。盗者长而黑，蛇目，黄色，疵在足。午，鹿也。盗者长颈，小胻，其身不全，长耳而操蔡，疵在肩。未，马也。盗者长须耳，为人我我然，好歌无，疵在肩。申，环也。盗者圆面，其为人也鞞鞞然，夙得莫不得。酉，水也。盗者而黄色，疵在面。戌，老羊也。盗者赤色，其为人也刚履，疵在颊。亥，豕也。盗者大鼻而票行，长脊，其面不全。

《盗者》是一篇数术文献，属于民间占卜，但可贵之处在于记录了当时的生肖，是迄今为止发现的年代最早的关于生肖的较完整的记载。子鼠、丑牛、寅虎、卯兔、亥猪，秦简所记录的五种生肖与今一致；巳为虫，申为环，酉为水，也可做出巳蛇、申猴、酉鸡的解释；《日书》午为鹿，未为马，戌为羊，可能是楚地十二生肖的特色。《日书》中所记十二生肖大体近似于现在流行说法。据考证，睡虎地十一号墓下葬于秦始皇三十年（公元前217年），因此十二生肖的产生至少可以追溯到秦以前的春秋时期。是迄今为止，在我国发现的关于十二生肖的最早而又较系统的记载。比《论衡》早三个世纪，但是十二生肖到东汉才最终完善。

东汉王充的《论衡·物势》和《论衡·言毒》中最早完整地记录了十二种动物与十二地支之间的关系。《论衡·物势》载："寅，木也，其禽，虎也；戌，土也，其禽，犬也；……午，马也；子，鼠也；酉，鸡也；卯，兔也；……亥，豕也；未，羊也；丑，牛也；……巳，蛇也；申，猴也。" 以上引文，只有十一种生肖，所缺者为龙。《言毒篇》记录："辰为龙，巳为蛇，辰、巳之位在东南。"这样，十二生肖便齐全了，十二地支与十二生肖形成了完整的对应关系，这是古文献中关于生肖的较早的最完备的记载。

南北朝时期生肖已被普遍使用，南朝《南齐书·五行志》中已经有具体的按人的出生年份称属某种动物的记载。南朝诗人沈炯曾创作了一首十二属相诗，其言曰：“鼠迹生尘案，牛羊暮下来。虎啸坐空谷，兔月向窗开。龙隰远青翠，蛇柳近徘徊。马兰方远摘，羊负始春栽。猴栗羞芳果，鸡砧引清杯。狗其怀物外，猪蠡窗悠哉。”这首十二属相诗明显是按十二地支所配动物的顺序写成的，说明当时十二生肖已为人们所熟悉。

至蒙古族建立元朝，以虎为十二生肖之首，而且往往在生肖之后加上“儿”和“年”表示纪年。在北京法源寺，至今仍能寻到镌刻“蛇儿年二月十三日”落款的元代圣旨碑。

十二生肖是我国古代劳动人民智慧的结晶，同时，也是贯穿于中国传统生肖文化的一条生命线。

三、肖牛与十二属相

牛是人们畜牧和农耕生活中不可缺少的一种动物，在人类进入文明社会的过程中立下了不朽功勋，人们遂称牛为“仁畜”，甚至誉为“神牛”，牛文化也随之产生。在我国文化典籍中，牛有非常好的形象，以乾、坤二卦阐述万事万物的《周易》中称牛为“坤”，即牛是承载万物生息的大地即“坤”的象征物，因为坤像地任重而顺，故为牛也。可见牛的形象与天同位。

（一）星宿角度解释说

我国古代天文学有二十八星宿之说。

在二十八星宿神像中，出现了十二生肖动物，它们是虚日鼠、牛金牛、尾火虎、房日兔、亢金龙、翼火蛇、星日马、鬼金羊、觜火猴、昴日鸡、娄金狗、室火猪。这些名目的构成，以虚日鼠为例，虚为星宿名，日为七曜选一，鼠为所取动物形象。牛金牛，第一个“牛”为星宿名称，末一个“牛”为这一星宿所取动物形象。

二十八星宿的名称，只有一个星宿用了动物名，这就是牛宿。

牛宿为北方七宿之一，位于北天区，接近十二辰的丑宫。十二生肖的丑牛，恰恰与之在方位上相吻合，从而形成“牛金牛”的双牛重合。这意味着不管是十二生肖中的牛，还是二十八星宿中的“牛”，它们都立足于属丑之位。此外还有一个巧合，巴比伦黄道十二宫有金牛座。金牛座、牛金牛，两个“金”牛。

古人依照天上二十八星宿来对应人间十二时辰，十二时辰用十二地支为标记，而十二地支又有十二生肖配属，这就产生了十二生肖同二十八星宿的关联。在十二时辰中，每个时辰有两或三个星宿值班，每一个星宿都以一种动物命名。

此外也有十二生肖起源于木星的运转的说法。古人发现木星十二年围绕太阳运行一周，每年处于不同的位置造成地球上某种动物特别适应生长的环境，古人便用这种动物来称呼这一年。这就是动物纪年法。进而古人又相信该年出生的人如果能模仿这种动物，就会顺利健康地成长，于是取该动物为这一年出生的人的生肖。牛具有强壮、有力、勇敢的特性，人们自然也希望牛的特性能转移到人的身上，因此，十二生肖中便有了牛。

（二）昼夜角度解释说

关于十二属相的选用和排列顺序，依据古代昼夜十二时辰的角度解说地支和肖兽的配属关系为：初期象形汉字中“丑”亦指牛，同为取象于牛，故一天十二时辰中的“丑时”——凌晨一点至三点又称“牛时”。清代刘献《广阳杂记》引李长卿《松霞馆赘言》：“子何以属鼠也？曰：天开于子，不耗则其气不开。鼠，耗虫也。于是夜尚未央，正鼠得令之候，故子属鼠。地辟于丑，而牛则开地之物也，故丑属牛。人生于寅，有生则有杀。杀人者，虎也，又寅者，畏也。可畏莫若虎，故寅属虎。卯者，日出之候。日本离体，而中含太阴玉兔之精，故卯属兔。辰者，三月之卦，正群龙行雨之时，故辰属龙。巳者，四月之卦，于时草茂，而蛇得其所。又，巳时蛇不上道，故属蛇。午者，阳极而一阴甫生。马者，至健而不离地，阴类也，故午属马。羊啮未时之草而茁，故未属羊。申时，日落而猿啼，且伸臂也，譬之气数，将乱则狂作横行，故申属猴。酉者，月出之时，月本坎体，而中含太阳金鸡之精，故酉属鸡。戌时方夜，而犬则司夜之物也，故戌属犬。于亥中，猪则饮食之外无一所知，故亥属猪。”

古人认为属相的排列是根据动物的活动时间来确定的。夜晚黑天苟地，混沌一片，鼠时近夜半之际出来活动，将天地间的混沌状态咬出缝隙，“鼠咬天开”，所以子属鼠。天开之后，接着要辟地，“地辟于丑”，牛耕田，该是辟地之物，所以以丑属牛。寅时是人出生之时，有生必有死，置人于死地莫过于猛虎，寅，又有敬畏之义，所以寅属虎。卯时，为日出之象，太阳本应离卦，离卦像火，内中所含阴爻，为太阴即月亮之精玉兔，这样，卯便属兔了。辰，三月的卦象，此时正值群龙行雨的时节。辰自然就属了龙。巳，四月的卦象，值此之时，春草茂盛，正是蛇的好日子，如鱼儿得水一般。另外，巳时为上午，这时候蛇正归洞，因此，巳属蛇。午，下午之时，阳气达到极端，阴气正在萌生。马这种动物，驰骋奔跑，四蹄腾空，但又不时踏地。腾空为阳，踏地为阴，马在阴阳之间跃进，所以成了午的属相。羊，午后吃草为最佳时辰，容易上膘，此时为未时，故未属羊。未之后申时，是日近西山猿猴啼的时辰，并且猴子喜欢在此时伸臂跳跃，故而猴配申。酉为月亮出现之时，月亮属水，应着坎卦。坎卦，其上下阴爻，而中间的阳爻代表太阳金乌之精。因此，酉属鸡。夜幕降临，是为戌时。狗正是守夜的家畜，也就与之结为戌狗。接着亥时到，天地间又进入混沌一片的状态，如同果实包裹着果核那样，亥时夜里覆盖着世间万物。猪是只知道吃的混混沌沌的生物，故此猪成了亥的属相。

从以上可以看出生肖动物的选择并不是随意的，人们所选择的动物都是出于不同的角度，而且具有一定的含义。牛在十二生肖中位居次席，与十二地支配属“丑”，紧接着子时，时间为夜里一点至三点。丑与牛同义，前者指卧牛，后者指正立的牛，因而牛可以代丑，地辟于丑就是地辟于牛。所谓辟地，其实就是耕地。自远古时代起，先民们就对牛产生了莫名的爱戴和敬仰之情，到了农耕社会时期，牛更被视为家中之宝。耕地垦田，拉犁劳作，耕牛之于土地、之于稼穑、之于农业，真是太密不可分了。在古人眼中，耕地不仅是农业生产的一个过程，还是万物获得生机的重要触媒。天地开辟之初，世界一片沉寂。万物的生机虽蕴含于大地之中，却缺乏出世的途径。在这沉静寂寞的时候，牛拉动犁铧，划开了沉睡的大地，触动、唤醒了蕴藏于其中的生命种子，由此万物萌芽，破土而出，生命繁衍，农作物生长，才有了姹紫嫣红的世界，为人类提供了衣食的来源。因为这项功劳，牛成为开天辟地的功臣，从而在长期历史文化发展中被融为生肖的一员，也赋予了其丰富的象征意义。

以十二生肖纪时辰，晚于用它来纪日纪月纪年，因而从时辰的角度阐释生肖的由来和排列顺序，不一定准确。但这种说法强调牛对于生命世界诞生的作用，又给我们提供了一把探索生肖之谜的钥匙。

（三）阴阳角度解释说

另外依据中国人信阴阳的观念，将十二种动物分为阴阳两类，动物的阴与阳是按动物足趾的奇偶参差排定的。动物的前后左右足趾数一般是相同的，而鼠独是前足四，后足五，奇偶同体，物以稀为贵，当然排在第一，其后是牛，四趾（偶）；虎，五趾（奇）；兔，四趾（偶）；龙，五趾（奇）；蛇，无趾（同偶）；马，一趾（奇）；羊，四趾（偶）；猴，五趾（奇）；鸡，四趾（偶）；狗，五趾（奇）；猪，四趾（偶）。持这种说法的是宋人洪巽，明代学者郎瑛在其基础上进行了归类，在其所著的《七修类稿·十二生肖》中提出区别阴阳当看足趾数目。鼠前足四爪，偶数为阴，后足五爪，奇数为阳。子时的前半部分为昨夜之阴，后半部分为今日之阳，正好用鼠来象征子。牛、羊、猪蹄四趾为阴，鸡四爪，再加上兔缺唇且四爪，蛇舌分，六者均应合偶数，属阴，占了六项地支。虎、龙五爪，猴、狗也五爪，马蹄圆而不分，五者均为奇数，属阳，连同属阳的鼠，占了另外六项地支。

（四）民间故事传说

据传说古时牛正是玉帝殿前的差役，时常往返于天宫和大地之间。有一天，农夫托牛给玉帝传个口信，说是人间寸草不生，大地光秃秃的，太难看，请玉帝带点草籽给人间，把人间打扮得好看些。玉帝听了，觉得有道理，便问殿下众神谁愿去人间撒草种。此时牛王站出来自告奋勇去人间撒草种。玉帝同意了牛王的请求，并嘱咐牛王到人间后，走三步撒一把草籽。牛王带着草籽，走出天宫，在跨出南天门时，不小心跌了一跤，来到人间后，头脑晕乎乎的，误以为玉帝的旨意是走一步撒三把草籽。于是，大把的草籽撒在了大地。第二年，野草丛生，农夫根本无法种庄稼了。他们托灶神告诉玉帝，野草太多，庄稼无法生长。玉帝知道坏事了，召来牛王一问才知道粗心的牛王是一步撒三把草籽，把一件好事办坏了，于是罚牛王以及后世子孙只准吃草，并帮助农夫干活儿。就在牛王领命准备回去弥补错误时，脚下不小心被绊，一个筋斗从天上落到人间，嘴巴朝下，被摔掉一排上牙。于是，牛从此便一辈子给农夫当苦力，并且从未停止啃青草。直到今天，它的那排上牙也还没有长出来。但是，牛是个知过即改的好动物，它任劳任怨，勤恳踏实，拉车犁田从不松套，为农夫出了不少力，博得人们的好评。在排生肖的时候，人们一致推举它。于是牛与司晨鸡、守门狗、拜月兔、耕田马、锁山虎猴、治水龙、蛇和食用猪、羊一起当上了人类的生肖，为人类做出贡献，同时也体现了人们对牛生肖的选择做出解释的美好愿望。

民间有关生肖牛的传说故事非常丰富，这类故事，或似开心解闷的笑谈，或似贬恶扬善的寓言。人们以牛作为生命的肖属，在潜意识中，或许想使特定动物的神力转移或渗透到人的身上。

四、肖牛与图腾崇拜

“图腾”（Totem）一词系北美奥日贝人（Ojibways）土语转化而来，意为“彼之血族”“种族”“家庭”。生肖观念实际上是远古动物崇拜意识的反映。先民认为万物有灵，希望某些事物的特性能转移到人的身上，在先民看来，人和动物之间存在某种神秘的联系。通过长期经验积累，他们对有些动物具有的特殊本领产生畏惧或羡慕的心理，又由这种畏惧和羡慕产生崇拜，并希望这些动物的特性转移到自己身上来。他们希望能像马一样飞快地奔跑，像牛一样有力，像虎一样勇猛，像猴子一样灵活，像羊一样温顺等。因此用动物命名生肖，将这种动物的名号用于己身，以寄托像动物一样顺利健康成长的美好愿望。

在众多图腾中，牛与人类的关系最为密切，也受到了先民们的普遍崇拜。

（一）牛首人身的神农氏

中华民族是炎黄子孙，炎帝是中华农耕文明的创始者。他是一位传说中对中华民族文明的发展有过不世功勋的人物。炎帝神农氏本为姜水流域姜姓部落首领，后来发明农具以木制耒，教民稼穑、饲养、制陶、纺织及使用火。炎帝功绩显赫，其出身也被人们冠以了神异的色彩。据《三皇本纪》载：“神农氏，姜姓以火德王。母曰女登，女娲氏之女，感神龙而生，长于姜水，号历山，又曰烈山氏。”《帝王世纪》云：“神农氏……有蟜氏女，名女登；为少典妇，游于华阳，有神龙首，感生炎帝，人身牛首。”

神话中讲得最多的是炎帝对我国农业耕作的发明。他教人们开垦土地，播种五谷，带动了原始社会后期由渔猎畜牧到农业经济的转变和发展。清马骕《绎史》卷四引《周书》：“神农之时，天雨粟。神农遂耕而种之，作陶冶斧斤，为耒耜锄耨，以垦草莽。然后五谷兴助，百果藏实。”晋王嘉《拾遗记》卷一：“炎帝时，有丹雀衔九穗禾，其坠地者，帝及拾之，以植于囚，食者老而不死。”《白虎通》：“古之人民皆食禽兽肉，至于神农，人民众多，禽兽不足，于是神农因天之时，分地之利，制耒耜，教民农作，神而化之，使民宜之，故谓之神农也。”而后他教人们始种五谷以为民食，制作耒耜以利耕耘，遍尝百草以医民恙，治麻为布以御民寒，陶冶器物以储民用，削桐为琴为怡民情，日中为市以利民生，剡木为矢以安民居，重演八卦以探天象等，对中华民族的生存繁衍和发展做出了重要贡献。

作为以“大德”闻名于世的三皇之一，炎帝还有一件伟大的功劳，就是发明了医药。神农尝百草的神话，流传久远，至今不衰。《史记·补三皇本纪》谓：“神农氏作蜡祭，以赭鞭鞭草木，尝百草，始有医药。”西汉初年的古书《淮南子·修务训》记载：“神农尝百草之滋味，一日而遇七十毒。”

后世传言神农乃玲珑玉体，能见其肺肝五脏，因能化解药毒。这些记载中描述当时人们经常因乱吃东西而生病，甚至丧命。神农氏跋山涉水，尝遍百草，找寻治病解毒良药，以救夭伤之命，后因误食“断肠草”肠断而死。正是他以身实践和探索的精神，奠定了我国中医学的基础以及开创了中华民族的中医学文化，后人为了纪念他，将我国的第一部医学著作托名为《神农本草经》。全书分三卷，载药365种（植物药252种，动物药67种，矿物药46种），分上、中、下三品，文字简练古朴，其中规定的大部分药物学理论和配伍规则在几千年的用药实践中发挥了巨大作用，成为中药理论精髓。

《史记·补三皇本纪》和《绎史》引《帝王世纪》中描述神农氏的形象为“牛首人身”，说明炎帝始祖是一个以牛为图腾的氏族。作为渔猎时代重要家畜的牛已经成为主要的畜力，在原始农业生产中发挥了巨大的作用，给人们生活带来极大的便利和利益，因而受到人们的推崇，将其尊为图腾。而发明原始农业的神农氏，自然赢得了人们的尊崇，身上也被描绘成具有牛的形象。“牛首人身”的炎帝形象正是原始时代人们图腾意识的反映。

（二）汉族先民对牛的图腾崇拜

农业的开创与发展，是远古先民对自然征服的胜利。作为渔猎时代重要耕畜的牛，其作用越来越突出，民间曾经存在过牛图腾崇拜的习俗。

蚩尤也是牛首人身的形象。《述异记》描述蚩尤“人身牛蹄，四目六首，耳鬓如剑戟，头有角”。与蚩尤部落有一定渊源的苗族至今仍十分崇拜牛，说明蚩尤部落也是以牛为图腾的。

蚩尤领导的三苗九黎与黄帝炎帝部落逐鹿中原，使各部落的诸多氏族融合，促进了华夏民族的发展。

古代秦国就有牛王信仰，他们还曾为牛王立祠祭祀。秦人信仰的牛王即牛神。秦人为牛立祠，并为之祭祀，视其为牛王，足见秦人对牛特别是公牛的敬重。

古代很多地方也有牛王庙，但是他们称牛神为“牛神冉真人”。这源于牛神的另一个传说。传说牛王是孔子的学生冉耕。冉耕是春秋末期的鲁国人，字伯牛。他为人端正正派，善于待人接物。在孔子弟子中，以德行与颜渊、闵子骞并称。因恶疾早逝。孔子哀叹其“亡之，命矣夫！”传说冉耕因喜好农耕，所以死后被玉帝封为牛神牛王，专司人间饲牛、耕作事宜。其实，冉耕之所以被奉为牛王，或有两种可能：其一，因冉伯牛的名字中有牛、耕两字，与农耕用牛相合；其二，清李绿园《歧路灯》第101回道：“唐宋间农民赛牛神，例画百牛于壁，名百牛庙，后来讹起来，便成冉伯牛庙。”

牛是与生活息息相关的重要耕畜，对于农耕作用甚大，所以被供奉为牛王，也是人们对保护耕牛、家畜不染瘟疫的一种寄望。这是古代牛图腾崇拜的一种延续。

牛也是汉族的一大姓氏。牛姓在汉族地区广为分布，这从另一角度说明汉族先祖以牛为氏族或部落图腾这一原始文化现象。

（三）佛教中的牛鬼阿傍

随着鬼神观念的演变，在牛王信仰的基础上出现了一种牛头鬼的形象，又称阿傍、阿防，或连称为牛鬼阿傍，是阴曹地府中阎王的鬼卒。

据研究有两种传说，一种来源于神农，《外书》：“神农牛首”；一种来源于佛教影响，佛教信仰阎王，他有判官、走卒。《楞严经》卷八谓：“亡者神识见大铁城，火蛇火狗，虎狼狮子，牛头狱卒，马头罗刹。”又《五句辛经》谓：“狱卒名阿傍，牛头人手，两脚牛蹄，力壮排山，持钢铁叉。”可见“牛鬼阿傍”是佛教传说中阴间鬼卒、护法神人的形象。

据《铁城泥犁经》说：阿傍为人时，因不孝父母，死后在阴间为牛头人身，担任巡逻和搜捕逃跑罪人的衙役。有的佛经牛头人又作“防逻人”，巡逻访捕逃跑犯人之意。民间传说中，牛头马面有时是阎王、判官的爪牙，有时爱占点小便宜，有时干点违法乱纪的事，有时又很有同情心。这些也是封建时代人间差役的形象。这些出自佛教中的牛头马面等鬼卒形象后来被道教所吸收，在佛教并不常见，而在道观中常能见到他们的影子。

（四）道教传说中的仙牛

牛被认为是有灵性的动物。在道教传说中，老子就是骑青牛西出函谷关的。

老子（约前571——前471），字伯阳，谥号聃，又称李耳（古时“老”和“李”同音；“聃”和“耳”同义）。楚国苦县厉乡曲仁里人。

据传被道教奉为太上老君的老子生于天皇氏之初，通晓天然之理，在天界被称为万法之师，后寄胎于玄妙王之女理氏腹中。理氏在村头的河边洗衣服，忽见上游飘下一个黄澄澄的李子，理氏忙用树枝将这个拳头大小的黄李子捞了上来。到了中午，理氏又热又渴，便将这个李子吃了下去。从此，理氏怀了身孕。理氏历经81年怀胎，终于生下一个男孩。这男孩一生下就白眉白发，白白的大胡子，而且生下来就会走路，他走到一棵李树下，言树的名字就是他的姓。

老聃自幼聪慧，静思好学，年少便博览泛观，通礼乐之源，明道德之旨，名闻遐迩，声播海内。春秋时称学识渊博者为“子”，以示尊敬，因此，人们皆称老聃为“老子”。孔子曾向老子问礼，并说：“吾所见老子也，其犹龙乎？学识渊深而莫测，志趣高邈而难知；如蛇之随时屈伸，如龙之应时变化。老聃，真吾师也！”

周敬王四年（公元前516年），周王室发生内乱，老聃受牵连而离宫归隐，骑一青牛，欲出函谷关，西游秦国。函谷关守关官员尹喜，夜晚立楼观之上凝视星空，忽见东方紫云聚集，其长三万里，形如飞龙，由东向西滚滚而来，飘浮在函谷关上空。关令尹喜派人清扫道路四十里，夹道焚香，以迎圣人，得老子以《道德经》相授。“紫气东来”的典故也正源于此。

《道德经》五千言（又称《老子》）是老子的存世之作。其作品的精华是朴素的辩证法，主张无为而治。老子学说对中国哲学发展具有深刻影响，与《易经》和《论语》被认为是对中国人影响最深远的三部思想巨著。由于老子是道教的创始人，而老子又喜欢骑青牛出游，所以老子骑坐的青牛也成了道教文化中的一个著名的意象，青牛后来成了神仙道士的坐骑了。

道教神话中的牛形象，体现了民间对牛的信仰意识。

（五）中国少数民族的牛图腾崇拜

中国少数民族中，以牛为民族或氏族部落图腾的为数甚多。

古契丹族以青牛白马为图腾。《辽史》卷三七《地理志》记载，契丹人的先祖最初为青牛和白马两个氏族，青牛和白马就是契丹人的氏族图腾。后来又由这两个氏族繁衍出八部，他们也奉青牛和白马为共同的图腾。而“以青牛白马祭天”，是契丹人的一种传统习俗。

后来分化成许多支系的古羌人的图腾中也有牛。《后汉书·西羌传》记载古羌人“或为牦牛种，越隽羌是也；或为白马种，广汉羌是也；或为参狼种，武都羌是也。”牦牛、白马、参狼等动物，实际上就是古羌人尊崇的图腾。

彝族有一部分是古代牦牛羌的后裔。《什列虎氏族源流》中有记述古氏族战争中以牦牛为图腾的“三千神牛”军队。今四川、云南地区的一些彝族人在为老人举行葬礼时，男青年要肩披牦牛尾，为死者表演隆重的舞蹈仪式。

云南牛姓彝族人视水牛为自己氏族的图腾。他们认为水牛曾有恩于他们，是他们的先祖，并以牛为姓氏，即水牛氏族。对牛的图腾崇拜表现在他们的日常禁忌上。彝族水牛氏族禁止屠杀、食用、骑坐、食用甚至接触水牛，否则会受到惩罚，反映了水牛氏族图腾崇拜和图腾禁忌心理。

哈尼族有牛创世的神话。他们认为是龙牛化作世间万物，每年夏历二月的第一个属牛日是他们的祭母节。全寨人聚集在一棵象征母体的大树下，纪念母亲的养育之恩。祭母日在牛日举行，说明牛与“母”的密切关系。

怒族和德昂族都流传着牛图腾传说，并有禁止伤害牛的禁忌。德昂族的许多村寨的寨旗上还绘有牛的形象。

壮族民间传说中有关于牛图腾的传说，这些传说逐渐形成了牛王节，节日期间人们禁止吃牛肉，以此来表达对牛的敬意。

布依族认为牛是他们的保护神，视牛为自己的祖先，并将牛、白水牛等作为氏族的图腾。他们还认为，牛的灵魂是善神，能保佑全家平安和赐福后代，所以他们的服饰习俗中，戴帕子总要留两个角，模仿图腾形象，并希冀获得神灵的保佑。而牛头或牛角通常会被钉在门框或椽子上，以作镇宅用。

侗族人以牛为图腾，并形成了许多与牛有关的民间习俗。牛王宫是侗族村落比较神圣的地方。这里是专门饲养斗牛的地方，除了被称作“牛公公”的饲养者外，其他人是要自觉回避的。这些被专门饲养的斗牛在节庆日时尽情角逐。这些习俗显然是牛图腾崇拜意识长期渗透形成的。

黎族视水牛为祖先，自称为“水牛之子”。有些地区的黎族会珍藏牛魂石。每逢三月、七月、十月，牛的主人会给牛喝“牛魂石”泡过的酒，并进行祭告山神的仪式。有些地方还形成了与此相关的牛魂节。

牦牛是生活在青藏高原上藏民的图腾。在藏族的史籍和民间传说中都有牛图腾的内容。藏民中流传的雅拉香波山神、底斯山神都是牦牛的化身。藏族的甲绒人是古牦牛羌的后裔，世代尊奉牦牛。家中更有“牛首人身”的图腾神像作为保护神祭奉。藏族英雄史诗《格萨尔王传》记载：藏族英雄格萨尔用神兵收复红铜角野牦牛后，用牦牛的头和角降服敌国，震慑四方妖魔。

牛被驯化为家畜后，在农业生产中有突出的贡献，博得了人们的崇敬，因而人们尊牛为图腾。

（六）世界各地的牛崇拜

世界上许多民族都存在图腾崇拜的习俗，不同的民族对牛有着不同的崇拜方式，这些习俗也都融入了该民族的文化特点。

马达加斯加的萨喀拉夫人以黑色公牛为图腾，并被视为部落保护神。他们把一头黑色的公牛养在圣地，并派信徒守卫。如果这头公牛死去就要另选黑色公牛替代。因此这里的牛图腾也被认为是能够复活和转世的。

印第安人奥哈马水牛氏族以水牛为图腾。氏族成员死后以水牛皮裹尸，并在死者头部描绘图腾形象。他们认为这样可以使死者顺利返回始祖居住的地方。

美洲印第安人野牛氏族喜欢在脸上身上描绘野牛图像。而北美印第安奥哈马野牛氏族则把头发直竖起来，长约二寸，而蔓延于两耳之间，代表野牛的背。这种装饰习俗是古代牛图腾崇拜的反映。

世界上不同的民族对牛有着不同的崇拜方式。古埃及艺术中，母牛的腹部被描绘成蓝色，上缀星星。他们把母牛看作是天或曙光的象征。古埃及的哈托尔神就是牛首的形象。有些地区视牛为神物。如印度每年要举行追逐水牛比赛和其他仪式。尼泊尔政府规定黄牛为国兽并严禁宰杀，杀死一头母牛就等于犯了谋杀罪。日本人将五月初六定为牛的新年，牛可以放假一天。在印度，牛是主神湿婆的坐骑，超过80%的印度人都是印度教徒，敬牛如敬神。圣雄甘地曾说过：“牛是印度千百万人的母亲。古代的圣贤，不论是谁，都来自牛。”这些牛的图腾崇拜均体现了不同民族的文化特点。

五、肖牛形象的演变

据考古发现，生肖牛的形象并不是从一而终、固定不变的，而是在形态上有一个逐步发展的演变过程。从单纯的动物形态到牛首人身，再到完全的人性象征，生肖牛的形象经历了由写实到象征的演变。

最早的丑牛形象是以动物形态出现的。临淄北朝崔氏墓出土的生肖牛形象，完全以写实的手法，表现了生肖牛的初始形态。

在后来的发展过程中，生肖牛的艺术成分逐渐增加，成为以动物和人物相结合的形象，显得生动有趣。

隋代两湖地区的牛生肖已完全摆脱了之前的动物形象，演化为牛首人身并身着宽衣博带的人物形象。湖北武昌桂子山隋墓出土的青瓷牛生肖俑，牛的动物头像配以人身，坐于方垫之上，身着右衽长袍，双手持笏板置于胸前，方唇大嘴，端庄厚重，憨厚老成。这类俑在隋唐时期较为流行，且俑身下方有方形或圆形底座。盛唐以后基本以带有底座的牛首人身站姿生肖俑为固定模式。

唐末至宋，演变为在人物冠上饰以动物形象。这一类人首人身生肖俑在宋代多被做成文臣形象，头顶或戴朝冠，穿宽袖袍服，如紫金县一座宋墓中出土的牛生肖俑，人物面形方正，头戴圆冠，身穿敞领宽袖长袍，腰束宽带下垂至足，足着方头靴，拱手持笏而立，生肖动物附加在冠顶上，刻画得极为生动传神。

肖牛形象由动物崇拜到人兽同体，直至神人同形，经历了一个由物化到人化的转变。这一演变轨迹体现了人们在生肖崇信中从被动接受转为主观认知的过程。初期人们以物观察我，往往把自己也塑造成物的形象，随着人们征服自然能力的提高，逐渐开始以己观物，并将物附上了人的色彩，于是生肖文化的内涵也日益变得丰富了。

六、肖牛的象征意义

在长期的农业社会中丰衣足食，除了先祖们的勤劳与智慧外，在很大程度上得益于对牛的使用，可以说牛在人类发展的历史上起到了不可磨灭的作用。

牛在天开于子之后，地辟于丑。天地开辟，才有人，有万物化生。与鼠咬天开相比，丑牛之辟地，更显得质朴、实在。牛有温良恭顺的习性和踏实肯干的精神，在人们心中有着美好的印象，在长期的历史文化发展中早已被赋予了丰富的象征意义。

（一）吉祥的象征

在农业社会，牛受到人们的珍爱，被视为吉祥之物。

古人极其信仰鬼神，认为自己处于鬼神包围之中，自己的一言一行，都受鬼神的支配，因此在遇到征伐、田猎、天时、祭祀、农耕、疾病、婚丧等重大事件，心中犹疑，难以决断时，都要通过占卜来探知鬼神的态度。凡是用来作为占卜的东西都被认为是具有神灵之物。

古人云："龙凤麟龟，谓之四灵"，这四灵全被用来作为占卜。牛在人们的心目中是具有灵性的动物，在进行占卜时，龟骨、牛骨的裂纹被认为能告知吉凶，西安沣西龙山文化和甘肃武威皇娘娘台齐家文化遗址都出土了占卜用的牛骨。占卜的方法是把艾团沾在牛肩胛骨的表面，然后点燃，在烧烤后，牛骨背面会出现裂纹，古人称之为"兆"，占卜者根据兆的形状来判断吉凶。直到现在，羌族、蒙古族、纳西族和彝族等地区都还保留着用牛骨特别是用牛肩胛骨占卜的习俗。他们认为牛骨有通神的作用，他们尤其喜欢用祭祖用的牛骨，认为它更加灵验。平时把宰杀的牛肩胛骨留下来，挂于室内，或埋在山脚下，不让人畜干扰，否则就不灵了。

以牛骨裂纹预测未知事件，虽然缺乏科学依据，却从侧面反映出牛被赋予的不同寻常的意义。牛破开了沉睡的土地，生命的种子借助牛的沟通而获得了生机，鬼神的启示借助牛骨纹理而被人们了解，也使得具有如此重要功劳和作用的牛备受人们的尊崇和爱护。

（二）力量与无畏的象征

在人类历史的很长一段时间里，人类的力量是无法与变化莫测的自然界相抗衡的，生命经常会受到自然灾害甚至是各种动物的威胁。牛作为力量的载体，耕地、运输，甚至是抵御外界凶猛动物的侵袭等，被人类赋予了威武、雄壮的象征意义。

《史记·田单列传》中描述了战国时期燕将乐毅率联军破齐，田单坚守即墨（今山东平度）。他是一个足智多谋的人，当时联军将齐国的城池围得水泄不通，眼看着就要国破城亡。危急之际，田单向燕军诈降，使之麻痹，又于夜间用牛千余头，牛角上缚上兵刃，尾上缚苇蘸油，以火点燃，猛冲燕军，并以五千勇士随后冲杀，大败燕军。不仅解除了即墨之围，又乘胜收复了许多失地，这就是历史上有名的“田单大摆火牛阵”。

而牛角因其中空、上小下大呈喇叭状，且声音能被传递较远，被远古先民用作号角发号施令、传递信息。相传黄帝与蚩尤之间数次征战，互有胜负。蚩尤率魑魅魍魉，幻变多方，征风召雨，吹烟喷雾，使黄帝的大军晕头转向。战争进行了九个回合，但谁也没有战胜对方。为了打败蚩尤，黄帝重新整顿了自己的军队，并以神牛之角制作了军号。战争激烈而又残酷。牛角作号，响声如巨龙低吼，传遍了山谷原野，令蚩尤之军魂飞魄散，落荒而逃。黄帝大军乘胜追击，终将蚩尤捕杀。

牛作为特殊的战争武器被载入了历史史册，古代的岩画、壁画以及民间斗牛中都有所体现。藏族人民至今还流传着许多用“牦牛阵”冲杀敌人的传说。有些地区以牛头、牛角等作装饰，祈求用牛的力量以及强壮带来好运。而有些地区则保留着斗牛的传统习俗，挥洒最原始的自然野性，以锻炼智慧、勇敢和勇于向前的精神。

现代“拓荒牛”“牛人”等相关词语的出现也体现出对牛的坚毅性格、执着表现、拼搏精神以及勇往直前品格的推崇。

（三）财富的象征

牛作为图腾，能使五谷丰登，并被视为财富的象征。

在古代，拥有牛数量的多少往往是身份和地位的体现。据史书记载，班固的祖先班壹以畜牧起家，以至有牛、马、羊数千群。祭祀的时候更是有悬挂牛头来向祖先神灵表示献祭的习俗，而这些习俗同样也是向世人展示自己的富有的含义。

我国古代传说中认为金与牛之间自古就存在着千丝万缕的联系，古文中流传着许多关于金牛的神话。

《太平御览》引《幽明录》：“淮南牛渚津，水极深，无可计算。人见一金牛，形甚瑰壮，以金为纕绊。”刘道真《钱塘记》曰：“明圣湖在县南。父老相传：‘湖中有金牛，古尝有见其映宝云泉，照耀流精，神化莫测。’”

金是财富的象征，人们认为金牛往往能带来财运。

《古今图书集成》引《湘中记》载：“长沙西南有金牛岩。汉武帝时，有一田夫牵赤牛，告渔人欲渡。渔人曰：‘船小，恐不胜牛。’田夫曰：‘但相容，不重困于君船。’于是人牛俱上。及江半，牛粪于船。田夫曰：‘以此相赠。’既渡，渔人怒其污船，以桡拨粪弃水，欲尽，方觉是金。讶其神异，乃蹑之，但人牛入岭。

随至而掘之，莫能及也，今掘处犹存”。

牛的正色是黄色，牛的颜色与金、铜的颜色相似，而两者都是财富的象征，所以人们把金和牛联系在一起，通过塑造金牛、铜牛的形象期盼财运的到来。

现代股市、商业等出现连续较长时间上升趋势称为牛市，许多商家用旺财金牛来催旺自己的事业，使自己的生意持续稳定增长。许多商务人士也喜欢在办公桌上摆放金牛摆件以期待持续发展。

（四）踏实与奉献的象征

牛，在中国传统文化中是勤劳善良的象征。牛的坚持不懈、踏实肯干和乐于奉献的精神一直得到人们的赞颂。我们称默默耕耘、无私奉献的人为孺子牛。鲁迅先生所吟诵的“俯首甘为孺子牛”，更是成为牛的踏实奉献精神的经典概括。而孺子牛称谓源远流长，《左传·哀公六年》中记载了有关孺子牛的典故：齐景公有个庶子名叫荼，齐景公非常疼爱他。有一次齐景公和荼在一起嬉戏，齐景公作为一国之君竟然口里衔根绳子，让荼牵着走。不料，儿子不小心跌倒，把齐景公的牙齿拉折了。齐景公临死前遗命立荼为国君。景公死后，陈僖子要立公子阳生。齐景公的大臣鲍牧对陈僖子说：“汝忘君之为孺子牛而折其齿乎？而背之也！”这个千古传诵的爱子故事后来成为人们赞誉的美德。

牛吃的是草，挤的是奶，耕的是地，挨的是鞭，割的是肉，流的是血……遇强不示弱，遇弱不逞强……鲁迅先生以牛为榜样，在《自嘲》中“横眉冷对千夫指，俯首甘为孺子牛”来表白忠诚于人民的信念，正因如此，他才会有更大的勇气拿起笔做匕首，投向敌人。毛泽东主席在延安激赏其句，并云“应该成为我们的座右铭”“做人民大众的牛”，“孺子牛”精神得到升华和拓展，而后人用“孺子牛”来比喻心甘情愿为人民大众服务，无私奉献的人。

对黄牛的精神赞美，最经典的要算著名诗人臧克家的《老黄牛》：“块块荒田水和泥，深耕细作走东西。老牛亦解韶光贵，不等扬鞭自奋蹄”。不仅歌颂了老黄牛任劳任怨的负重精神，而且挖掘了其鞠躬尽瘁、奋蹄耕耘的精神，令人钦佩之至。

画牛大师李可染尤爱牛，他的书斋叫“师牛堂”，一枚印章就叫“孺子牛”；他有一幅“孺子牛图”，力透纸背，且专门写了“题识”，他把对牛“崇其性，爱其性”的感受，融进画里。

齐白石自称“耕砚牛”；老舍自取雅号“文牛”……

牛的耕耘与奉献包含着无是非心，专心苦干，不搬他事；无得失心，埋头苦干，不遑他顾；无功利心，始终苦干，不复他求的境界。可慰的是，我们的事业中不乏“老黄牛”：雷锋、焦裕禄、王进喜、孔繁森……他们进退淡定，宠辱不惊，去留无意，用实干和奉献赢得人们的尊敬和追念。我们欣赏过无数快马良驹，但仍会在心头给“老黄牛”暖暖地留一个位置。

（五）开拓精神的象征

固然，千百年来人们赞扬任劳任怨、默默奉献的“老黄牛”“孺子牛”精神，但随着时代演进，人们又赋予中华牛一种新的精神符号——“拓荒牛”。1984年深圳标志性雕塑“拓荒牛”诞生：四蹄坚挺、肩脊突起、埋头奋进，寓有一种奋力开拓的生动气韵。在中华民族精神史上，那些不畏流血、不怕牺牲、奋力改革的人均可称其为“拓荒牛”，如商鞅、屈原、晁错、谭嗣同、秋瑾等。不改革，一个民族就没有生机和活力，没有希望和出路；故“拓荒牛”是对深圳人勇垦荒榛地、敢为天下先精神最经典的概括，也是新的历史条件下中华民族赋予牛新的审美内涵。牛的话语史，演绎着中华民族的精神升华史。

勇当“拓荒牛”，无愧“领头牛”，就要奋斗在先，奉献在先，敢为人先。在“拓荒牛”“领头牛”面前，或是荆棘丛生的莽原，或是寸草不生的荒漠，它头顶青天，肩负重犁，心无旁骛，只管向前，不用扬鞭自奋蹄，把崎岖碾为通途，把坎坷踏成大道，开创发展出一片新境界。

总之，牛是一种图腾，是一种精神，代表了一种力量，也是中华精神话语生成的宝贵资源之一。一些经典牛意象，已定格为民族精神的肖像画，它将激励着人们不断超越完善自我。

第二章　肖牛万象

在人类历史进程的漫漫岁月中，牛作为人类的家畜和人结下了不解之缘。在十二生肖中，牛与人的关系应是最为密切的。牛从分类学上讲，属于哺乳纲偶蹄目牛科，是偶蹄目乃至有蹄类动物中最繁杂的一类食草动物。

一、牛科动物的起源

据考证，牛科动物起源于中新世，是由远古鹿类分化的一个支系。牛类是哺乳动物中最后出现的一个类群，很可能起源于原始的羚羊类，在不断的进化过程中，体形逐渐变得高大而健壮，四肢粗壮，达到顶点的便是非洲野牛属，欧亚大陆是它们早期发展的区域，以我国为中心的亚洲中部和东部地区是早期偶蹄类辐射的中心地区。牛类的共同特点是雄兽和雌兽头上都有表面光滑的角，并且紧靠着枕骨的两侧长出，角的基部远远地分开，吻边没有毛，尾巴较长，末端有簇毛串，眼睛前面和趾间没有臭腺，雌兽有4个乳头等。

这些牛科动物的共同特点是体质强壮；有适合长跑的腿；脚上有4趾，适于奔跑；门牙和犬齿都已经退化，但还保留着下门牙，而且下犬齿也门齿化了，三对门齿向前倾斜呈铲子状，由于以比较坚硬的植物为食，前臼齿和臼齿为高冠，珐琅质有褶皱，齿冠磨蚀后表面形成复杂的齿纹，适于吃草；为了储存草料、躲避敌害，它们的胃在进化中形成了4个室：即瘤胃、蜂巢胃、瓣胃和皱胃，还具有“反刍”的习性，使食物能够得到更好的消化和吸收。

（一）家牛的起源与进化

家牛的祖先是原牛。原牛体态魁梧，体形远大于一般家牛。一头较大的家牛肩高也只有1.5米，而原牛肩高可达1.75到2米，体重可达1吨。

在早期人类居住洞穴的洞壁上，如法国多尔多涅的拉斯科兹洞穴（一万二千年前）中就发现了十分生动的原始牛壁画。在古罗马统治者凯撒大帝的《黑森林》一书中也曾有描述：原牛略小于象，色彩独特，体型巨大，速度超群，无论面对人兽，它们都不示弱，无法被驯化，就是幼牛也很难驯服。

经过若干年的驯化，原牛也进化成了家牛。现在世界上大约饲养着11亿头家牛，大约500个品种。概括地说可以分为两大类，即“旱牛”和“水牛”。

（二）牦牛的起源与进化

牦牛是以中国青藏高原为起源地的特产家畜，也是“世界屋脊”著名的景观牛种。牦牛的叫声像猪鸣，所以又称它为猪声牛。因主产于中国青藏高原藏族地区，因而也称它为西藏牛。牦牛的尾巴像马尾，所以也有人称它为马尾牛。牦牛是高寒地区的特有牛种，草食性反刍家畜。适应高寒生态条件，耐粗、耐劳，善走陡坡险路、雪山沼泽，能游渡江河激流，有“高原之舟”之称。

现在的家养牦牛，在国内外的一些文献上，都说是起源于我国的西藏；现在的野牦牛，是家养牦牛的祖先。但从我国华北以及西伯利亚、阿拉斯加等地发现的牦牛化石考证，不论是现今分布在我国藏北高原昆仑山区的野牦牛，还是由野牦牛驯养而来的家牦牛，都是距今三百多万年前（更新世）生存并广为分布在欧亚大陆东北部的原始牦牛，后来，由于地壳运动、气候变迁而南移至现世界屋脊——我国青藏高原地区，并能适应高寒气候而延续下来的牛种。因此，可以这样说，牦牛起源于欧亚大陆的东北部；现今的家养牦牛和野生牦牛，都是同一祖先的后代，它们之间不存在先代、后代的关系。现在的野牦牛，也不是家牦牛的始祖、始源或祖先。

据研究并认定，现在的家养牦牛，是距今五千多年前（龙山文化时期），由我国古羌人在藏北羌等地区，将捕获的野牦牛驯养而来的。牦牛的驯养成功，是古羌文化最突出的成就，也给古羌人带来了进一步的兴盛和发展。

牦牛性情温和、驯顺、善良，具有极强的耐力和吃苦精神，对于世代沿袭着游牧生活的藏民族来说，牦牛具有无可替代的重要地位。可以说在藏民族的衣、食、住、行中处处都离不开牦牛，牛乳、牛肉、牛毛，为在世界屋脊上生活的藏民族提供着生活、生产必需的资料来源，成为一代代在青藏高原上繁衍生息、发展成长起来的藏民族生命与力量的源泉。

（三）麝牛的起源与进化

麝牛又称麝香牛，雄麝牛在发情时会散发出一种类似麝香的气味，故得名。据出土的化石结合地球的历史分析，麝牛曾是一种在北半球分布极广的动物，在地球上已生存了60万年，是冰川纪残留下来的古老生物。我国汉代地理书《神异经·北荒经》中也曾有记载：“北方层冰万里，厚百丈，有溪鼠在冰下土中焉。行若鼠……”句中所描述的“鼠”与现在唯一生活在北极地区的麝牛非常相像。

目前，北极地区有为数不多的几个麝牛群，总数约7000多头，已濒于灭绝的边缘。尽管格陵兰岛、加拿大等国家和地区禁止捕猎麝牛，但仍有不少麝牛遭到疯狂的捕杀。为了使这种动物能够繁衍下去，许多国家不仅加强了必要的保护拯救措施，而且已在阿拉斯加、哈德逊湾东北部、格陵兰岛西部，甚至挪威北部等地，开始人工饲养麝牛了。

麝牛是偶蹄目牛科麝牛属的唯一物种。在分类上是一种介于牛和羊之间的动物，也许将其归于羊科或羚羊科更为合适。从其外表来看，更像我国西藏的牦牛，而且也确实有一股牛脾气。麝牛高约一米半，长约2米到2.5米，体重可达400多公斤，雌牛略轻，大约只有雄牛的3/4。

麝牛头上长着一对坚硬无比的角，是防卫及决斗的有力武器；身披下垂的长毛，可一直拖到地上，长毛的下面又生有一层厚厚的优质绒毛。麝牛的身体结构能够有效地降低热量散失，承受时速96公里的风速和-40℃的低温。在如此恶劣的环境下，照常生活自如。

麝牛性情温顺，从不惹是生非，即使强敌来临（主要是北极狼群），它们也本着“人不犯我，我不犯人”的原则，总是严阵以待，从不主动攻击。这时，它们会采取集体防御战略，十几头公牛、母牛冲上高地，肩并肩围成一圆阵，把牛犊围在中间，用其庞大的躯体，组成一道有效的防护“墙”，对来犯者怒目而视，竖起那坚硬如钢叉的犄角，好像要以自己的威势使对方屈服，一旦敌人袭来，它们也会拼死抵抗，决不退缩。

二、形形色色的野牛

（一）新大陆牛的代表——美洲野牛

美洲野牛不仅是北美洲体型最大的陆生哺乳动物，也是西半球唯一的一种野生牛类。是欧洲野牛的迁移种群。数千万只野牛称雄北美洲原野，广泛分布在加拿大以南到墨西哥的广阔地域。

雄牛体长可达3.8米，肩高1.8米以上，最大体重约1400公斤。

雌牛体型大小仅为雄牛的1/3。外表最显著的两个特征即像山峰一样隆起的肩部和巨大的头部，与头相比牛角显得有些短小，下颌毛呈胡须状。

美洲野牛是一种高度群居的牛类，通常是组成以雌牛为主的群体，包括一些亚成体和老年雄牛。牛群中有着严明的等级制度，雄性双方对峙时多是用硕大的体魄和威猛的气势震慑对方。平日里活动时常排成队伍一边游荡一边觅食。

美洲野牛有着沿固定路线迁徙的习性。虽然它们看似温和而笨拙，但一旦奔跑起来时速可达60公里。它们的嗅觉、视觉也非常灵敏，能看清1公里以外移动的物体。虽然有时会遭到美洲狮和狼群的偷袭，但最危险的天敌还是人类。过去，美洲野牛曾一度称雄加拿大和美国及墨西哥的广阔地域，哥伦布发现美洲大陆以前，它们数量足有6000万头。可以想象当美洲野牛浩浩荡荡地出现在大草原上时，场面是何等壮观。欧洲殖民者到来之后，北美的野牛和其他自然资源一同被无情地消耗、掠夺，人类大规模的猎杀差一点令这个物种灭绝。1890年，美洲野牛的数量已剩下不到1000头了。经过政府、动物学家和环保组织的努力，剩余的美洲野牛被集中在禁猎区内保护起来。值得庆幸的是，今天美洲野牛的数量已恢复到了约5万头，大部分都生活在国家公园等保护区内，其中最著名的就是美国怀俄明州的黄石国家公园和加拿大西北地区的伍德野牛国家公园，那里的美洲野牛成为标志性的动物，吸引着来自世界各地的游客。

（二）失而复得的欧洲野牛

欧洲野牛为美洲野牛属内的一种，且为欧洲最重要的陆上动物，现仅分布于波兰和俄罗斯的高加索地区。肩高近2米，体长2米多，体重达1000公斤。欧洲野牛尽管体型较小，但身体厚重，肩部明显隆起等特征与美洲野牛十分相似，下颌一直到颈下有较长的毛。

欧洲野牛是寒温带针叶林里的典型物种。它们的食物包括各种草本植物、苔藓植物、蕨类植物和菌类。冬季在低海拔地区活动，夏季则移到高海拔的山区避暑。主要以树木的嫩枝和叶为食，很少吃草。欧洲野牛结小群活动，但性情暴躁，雄性野牛通常为争夺牛群中的领导权和交配权进行激烈的搏斗。

欧洲野牛过去曾漫游在整个欧洲西部、中部和东南部的森林里，数量很多。19——20世纪初，由于战争、饥荒等因素，欧洲野牛开始被人类大规模猎杀并以惊人的速度几乎消失殆尽。

到1927年，在野外已经见不到欧洲野牛了。幸而欧洲的动物园中还残存着54头。20世纪50年代开始，圈养繁殖的欧洲野牛先后被重引入到波兰、白俄罗斯、立陶宛和乌克兰等原产地，数量已恢复到3000多头，这也是通过保护濒危野生动物的成功范例之一。1951年，欧洲野牛开始被重新放归大自然。分布在30个国家的动物园中还有许多欧洲野牛，2000年约为3000头，全部是野牛的后代。1996年世界自然保护联盟将欧洲野牛定为濒危绝种物种。

（三）亚洲牛王——印度野牛

亚洲野牛又称印度野牛，是世界上现生野牛中体型最大的种类。体长2.5～3米，肩高可达2.2米，雄牛体重最大可达1.5吨。其头部和耳朵都很大，眼睛内的瞳孔为褐色，但透过反光，常呈现出蓝绿色。

亚洲野牛为典型的热带种类，栖息于热带雨林、热带季风常绿阔叶林和稀树高草丛中，一般沿着比较固定的区域和路线活动和觅食，主要分布于中国云南省南部以及印度半岛和东南亚诸国。野牛聚群而居，但群体不大，通常8～11头为一群，最大的群体可达40头。每群中只有一头成年雄牛，为群中等级最高的首领，群体成员依体型大小决定等级，等级低的牛会通过舔舐、摆头等行为“讨好”上级牛。繁殖季节雄牛的叫声响亮，可传至1.6公里以外。

印度野牛虽身躯庞大，但生性胆小、警觉且神经质，非常怕人。它们会避开人类的活动选择活动时间，所以很少与人类在野外相遇。印度野牛虽然躯体十分笨重，但在受惊逃跑时，却非常快速。它们只有在被人射杀受伤或被逼走投无路时，才会变得凶狠从而进行攻击。此外，雌兽在携带幼仔时期，也勇猛异常，如果见到有人走近，便会误认为来者会伤害它的幼仔，因而奋不顾身地扑过来。在森林中，除了孟加拉虎，再没有其它动物能够伤害它。

目前，印度野牛除了在印度数量较多外，其他地区的数量均在减少。野外总数量约3万头。我国云南南部和西藏东南部为印度野牛分布的北限，数量约600～700头，已被列为我国一级重点保护野生动物。

（四）白屁股——爪哇野牛

爪哇野牛，生活在南亚和东南亚，多分布于印度爪哇、婆罗门、苏门答腊，向北至马来半岛和中南半岛。体形与家黄牛很相似，比印度野牛小而轻捷。爪哇野牛不仅四肢都穿着“白袜子”，臀部还有一独特的、大的圆盘状白斑，“白臀野牛”也因之得名，以上这些特征，足可以与印度野牛相区别。其体长1.9～2.25米，肩高约1.6米，体重约700公斤。成年公牛在两角基部由角质块相连。雌雄异色，雄牛棕黑色，雌性则是一身黄褐色，有点像家养的黄牛。不熟悉的人常会误以为是不同种类的牛。

爪哇野牛是典型的热带森林动物，主要栖息于东南亚的热带干旱、开阔的森林地带，以草、竹子、野果、树叶和树枝为食。雨季迁到较高的山地，旱季则移至低山区活动。它们平时独居或2～3头同栖，有时雌牛、幼牛和亚成体组成10多头的小群活动。其性机警、胆小，行动十分谨慎，在密林中游荡生活，无固定栖息地。爪哇野牛野外种群数量极少，是濒临灭绝的野生动物。

（五）最濒危的野牛——柬埔寨野牛

柬埔寨野牛又名林牛、高棉牛，是最晚被人类命名的一种野牛，20世纪30年代才在柬埔寨的茂密雨林中被人类发现，另外还见于泰国东部、老挝南部和越南西部。其体长2米左右，肩高1.7～1.9米，重约800公斤。体毛棕黑，雄牛喉部有赘肉，角向上呈螺旋状，长度可达80厘米，雌性体形和角要小得多。由于战争、政治动荡等因素的影响，人类对柬埔寨野牛一直缺乏系统、科学的研究及保护。1964年，柬埔寨西哈努克亲王宣布将柬埔寨野牛奉为国兽。不过遗憾的是，迄今为止人类仅捕捉过一头活牛，目前人们甚至连一张柬埔寨野牛的照片资料都没有。科学家估计其野外数量只有100～300头，是最为濒危的野生牛类。

（六）高原之舟——野牦牛

在我国青藏高原上，藏民常常饲养着一种毛长而厚的牛类，那就是素有“高原之舟”美称的牦牛，它们也是藏区重要的运输工具。毛和绒可制皮衣、毡，保暖性能好，牦牛的奶和肉还为藏民提供了食物来源。除了人们驯养的家牦牛外，在青藏高原及喜马拉雅北部偏僻旷远的无人区还生活着野牦牛。野牦牛出没于海拔4000～6000米的高原、荒漠地带。那里空气稀薄，食物来源匮乏，常伴有风雪天气，温度可降至－40℃。为了适应这样的高寒严酷环境，野牦牛身披浓密而厚重的毛，身体两侧的毛像毯子一样几乎下垂至地面，汗腺很少，易于保温。由于适应高原生活，野牦牛的肺活量大，血液中含有较多的红细胞利于运载氧气；蹄子宽大，适宜在雪地上行走。野牦牛常结成十多头的母系群活动，以为数不多的草本植物和地衣类为食，靠咀嚼冰雪补充水分。雄牛独来独往，脾气暴躁，发起怒来会不顾一切地冲向来犯者，甚至有将吉普车顶翻的记录。早期野牦牛曾被人猎杀肉用，雄牛宽大的头骨被盗猎者和收藏家所青睐。在我国，野牦牛被列为国家一级重点保护野生动物，现野外总数在1万～1.5万头，是家牦牛数量的千分之一。

（七）四不像——羚牛

"羚牛'塔金'"是一种分布在喜马拉雅山东麓密林地区的大型牛科动物，共有四个亚种。头如马、角似鹿、蹄如牛、尾似驴，其体型介于牛和羊之间，但牙齿、角、蹄子等更接近羊，可以说是超大型的野羊，是典型的"四不像"。《汉书》描述羚牛为"猫牛"。因它体形粗壮如牛，而头小尾短，又像羚羊，它叫声似羊，但性情粗暴又如牛，故名羚牛。

羚牛体形粗大，四肢粗壮，肩高大于臀部，体长约1.8米，成年雄性可达到2米以上，体重可达400公斤，尾较短，吻鼻部高而弯起，似羊。肩高于臀，角粗而弯向两侧。全身毛色为淡金黄色或棕褐色。颌下和颈下长着胡须状的长垂毛。

羚牛并不是牛，它居于牛科羊亚科，是世界上公认的珍贵动物之一。羚牛栖息于高海拔的高山悬崖地带，白天隐匿于竹林、灌丛中休息，黄昏和夜间出来觅食。上下往来于群山之中，纵横于悬崖峭壁之间，如履平地。它们身上长有一身厚密的被毛，能帮助它们抵御严寒。同时，它们也喜欢群居，每群都由一只成年雄牛率领。平时活动时，一般有一只强壮者屹立高处瞭望放哨，如遇敌害，头牛会率领牛群冲向前去，势不可当，直至脱离险境。

羚牛分为4个亚种：高黎贡羚牛亚种、不丹羚牛亚种、四川羚牛亚种和秦岭羚牛亚种。仅产于亚洲的中国、印度、尼泊尔、不丹和缅甸五个国家，中国是羚牛资源最丰富的国家。其分布地区与大熊猫相似，数量稀少，因此也被视为"国宝"。在不丹羚牛则被视为国兽。

三、中国的驯牛史

牛在远古时期已经是人类的主要食物来源，而人们也产生了对牛的原始信仰。中国牛种的驯化距今至少已有6000年的历史，最早可追溯到新石器时代早期。《礼记·月令疏》载："能执伏牺牲，谓之伏羲。"意即驯兽。殷墟出土的卜辞中有训牛的记载。我国古代在漫长的狩猎生活中，随着狩猎工具的进步，捕获野牛的数量显著增多，于是人们把多余的幼牛圈养起来，以备不时之需，后来就根据人类的需要，驯化成不同的牛种类。

（一）古代牛的驯化

牛的驯化是从捕猎野牛开始的。最初驯化野牛可能是从野牛的幼犊开始。《淮南子·本经训》载："拘兽以为畜。"就是将幼小的野牛用绳索拘之，耗其野性。春秋时代养牛出身的大臣宁戚更著有《宁戚相牛经》，对如何驯牛、选牛有详细记载。

我国古代驯养的家牛以黄色为主，到春秋、战国时期，已出现优秀的牛种。现代著名的秦川牛，奠基于唐代，可认为导源于当时，毛色则以红色为主。

水牛在中国南方驯化则较早。浙江余姚河姆渡和桐乡罗家角二处文化遗址的水牛遗骸说明约7000年前中国东南滨海或沼泽地带野水牛已开始被驯化。从古代文献看，甲骨文中有"沈牛"一词，被释为水牛的古称，汉代司马相如《上林赋》也有此名词。现陈列在美国明尼亚波里斯美术馆的卧态水牛铜像，就是周代文物。明代《凉州异物志》载"有水牛育于河中"，证明古代在今甘肃武威地区也有水牛，只因数目稀少，被视为珍异动物。

牦牛是由野牦牛驯化而来的。古代用牦牛尾毛制成的饰物称旄，常用作旌旗、枪矛和帽上的饰品。《书经·牧誓》载“右秉白旄”；《荀子·王制》说：“西海则有皮革文旄焉，然而中国得而用之”，说明先秦时期牦牛产品已成为与西部地区商品交换的内容之一。《吕氏春秋》中“肉之美者……牦象之肉”，说明牦牛自古也供肉用。

（二）古代牛的用途

作为最早被驯化的野生动物之一，在人类生活的各个方面都有牛的影子。中国古代将农业视为立国之本，牛在人们心目中更有着非常重要的地位，最主要用途就是食用和用于祭祀。在建造屋宇时，古人奠基要埋牛头；占卜时，要用大量的牛肩胛骨预测吉凶。相传，殷代人亥发明牛车，后人祭祀他时一次用牛多达40头。商代甲骨文中记载，商王有一次祭祀用牛达400头。在距今3000多年前的殷墟妇好墓中，曾出土4件玉牛，其中的墨绿玉雕卧牛以新疆墨玉河中的籽玉雕成，造型别具一格。此外，我国还出土了殷商时代著名的青铜牛鼎——司辛石牛，造型艺术也非常美观别致。周代时，祭祀用牛羊猪三牲俱全称太牢；如果缺少牛牲，则称少牢，说明自古即以牛牲为上品。《礼记·王制》称：“祭天地之牛，角茧栗；宗庙之牛，角握；宾客之牛，角尺。”这是根据牛角的发育程度，判断牛的老幼，从而区别牛的等级。为了掌管国家所有的牛在祭祀等方面的用途，周代还设有“牛人”一职，汉以后曾发展成为专管养牛的行政设置。

使牛的作用发生决定性变化的，是农业生产中牛耕的发展。伴随着牛环、犁具、驭车等科学发明，挽犁拉车的牛作为一种动力资源，极大地促进了农业及其他各业的发展。

考古学家在殷墟出土的甲骨文字中发现有“犁”字，似牛拉犁翻土之形。古文献的记载也与考古发现基本一致。据《国语》记载，我国至迟在春秋晚期已经使用牛耕。而《史记·仲尼弟子传》中记载，孔子弟子“冉耕字伯牛”，“司马耕字子牛”，二人的名号中都有相应的“耕”“牛”二字。这些似都可说明耕地与牛的关系和牛耕之早。自汉代以后的两千余年来，许多出土文物更可证明牛耕的发展。“二牛抬杠”和用单套牛耕作的方法，已见于徐州地区汉墓的石刻和嘉峪关、敦煌、榆林等地的壁画。

牛耕盛行于汉代。汉武帝晚年，赵过向全国推广“用耦犁，二牛三人”的方法，使铁犁和牛耕法逐渐普及。牛耕在江南的推广稍晚。据记载，三国时的吴国曾在江南大力提倡牛耕。由于人们对牛的热爱，在古代文物中有不少以牛造型的艺术品。在湖南长沙、江苏睢宁曾出土汉代铜牛灯。江苏邗江出土过错银铜牛灯，浙江瑞安还出土过东晋青瓷牛形灯。在著名的北京颐和园昆明湖旁还卧着一头造型精美的大铜牛。

随着社会的不断发展，牛的角色也在不断变换着，祭祀、耕田、拉车、人骑、参战等都可见牛的影子。牛的使用，使人们从繁重的耕作劳动中解放出来，有效地提高了农业劳动生产率。它是我国农业技术史上农用动力的一次革命。时至今日，虽然耕作的机械化程度已经很高，但牛耕在我国的一些山区不可或缺，应用仍十分普遍。

四、我国种类繁多的家牛

在我国，黄牛的分布量最广，数量最多，其次为水牛和牦牛。我国的黄牛属种大致可分为蒙古牛、华北黄牛和华南黄牛三个类型。

（一）黄牛

蒙古牛 是中国三北地区分布最广的地方品种，粗重、耐寒、抗病力强，能适应恶劣环境条件。原产蒙古高原地区，现广泛分布于内蒙古、东北、华北北部和西北各地。蒙古和俄罗斯，以及亚洲中部的一些国家也有饲养。

蒙古牛是我国北方优良牛种之一。它具有乳、肉、役多种用途，适应寒冷的气候和草原放牧等生态条件。它耐粗宜牧，抓膘易肥，肉的品质好，生产潜力大，为我国牧区优良品种。

秦川牛 中国优良的黄牛地方品种。体格大，役力强，产肉性能良好，因产于八百里秦川的陕西省关中地区而得名。毛色以紫红色和红色居多，约占总数的80%左右，黄色较少。秦川牛是中国著名的大型役肉兼用牛。

南阳黄牛 中国五大良种黄牛之一，其特征主要体现在：体躯高大，力强持久，肉质细，香味浓，大理石花纹明显，皮质优良。役用性能、肉用性能及适应性能俱佳。挽车与耕作迅速，有快牛之称，役用能力强，已经列入《国家级畜禽遗传资源保护名录》。

鲁西牛 又称“山东牛”。原产山东西南地区。鲁西牛性情温驯，行走步幅大，速度快，适于挽车运输，但持久力略差。

延边牛 胸部深宽，骨骼坚实，被毛长而密，皮厚而有弹力。性情温驯，持久力强，能拉车、耕地、驮运等，不仅适用于水旱田耕作，并善走山路和在倾斜地带工作，连续作业不易疲劳。耐寒，耐粗饲，抗病力强，是我国宝贵的抗寒品种之一，也是东北地区优良地方牛种之一。

郏县红牛 原产于河南省郏县，是我国著名的役肉兼用型地方优良黄牛品种，是我国八大良种黄牛品种之一。郏县红牛体格大，肌肉发达，骨骼粗壮，健壮有力，役用能力较强，是山区农业生产上的主要动力。2006年被列入农业部《国家级畜禽遗传资源保护名录》。

三河牛 主要分布在内蒙古呼伦贝尔市大兴安岭西麓的额尔古

纳市。体格高大结实，四肢强健，蹄质坚实。产奶性能好，年平均产奶量为4000公斤，耐粗饲，耐寒，抗病力强，适合放牧。

草原红牛 以乳肉兼用的短角公牛与蒙古母牛长期杂交育成的。对严寒酷热气候的耐力很强，发病率低，其肉质鲜美细嫩，为烹制佳肴的上乘原料。皮可制革，毛可织毯。

晋南牛 产于山西省西南部汾河下游的晋南盆地。是一个古老的役用牛地方良种。体形高大粗壮，肌肉发达，前躯和中躯发育良好，耐热、耐苦、耐劳、耐粗饲，具有良好的役用性能。属于大型役肉兼用品种，且适应性能良好，抗病力强，繁殖率高。

山东济宁渤海黑牛 属于黄牛科，是世界上三大黑毛黄牛品种之一，因为它全身黑色，传统上一直叫它渤海黑牛，是我国罕见的黑牦牛品种，全国良种牛育种委员会将该牛列为全国八大名牛之一。渤海黑牛全身呈黑色，体质健壮，形似雄狮，当地称为“抓地虎”，港澳誉为“黑金刚”。这种牛耐粗饲、易育肥、出肉率高、肉质细嫩，是难得的肉牛良种，在日本、韩国市场供不应求。

舟山牛 产于浙江省舟山市。头短，额上有旋，四肢粗长有力，后肢略高，蹄质坚硬。全身的毛呈黑色，且毛短而富光泽。舟山牛是我国南方体格较大、结构良好、使役年限长、役力较强的优良地方品种。

闽南牛 产区在福建省，结构良好，发育匀称，体质紧凑，肌肉丰满，偏于役肉兼用型，是我国东南沿海地方优良品种。具有发育匀称、结构紧凑、体态优美、适应性强、耐热、挽力大、肌肉较丰满及肉质好等优良特性。

巫陵牛 产于湖南、湖北、贵州三省交界处。具有四肢强健、行动灵活、善于爬山、耐劳、耐旱、抗湿及耐粗等特性。

其余还有主要产于辽宁省复县的复州牛，原产于浙江省温岭市的温岭高峰牛，分布于大别山区邻近的各县的大别山牛，产于河北南部的冀南牛，产于湖北的枣北牛，产于山西平陆县的平陆山地牛，产于江西省广丰县的广丰牛，产于四川凉山的峨边花牛，产于川北陕南的巴山牛，产于云南省的云南高峰牛，产于广东省和海南省的雷琼牛及产于新疆北部的哈萨克牛，都各有特点，在此不一一赘述。

（二）水牛

水牛属种，原产于印度，在我国分布除东北和华北的水稻栽培用黄牛之外，全国主要水稻产区都靠水牛为耕畜。所以从淮北一直到川滇都有水牛的踪迹。主要为水田耕作的役使牛，其役用能力较黄牛强。绝大多数分布于东南和西南两区，以在淮河以南的水稻产区最多，占全国水牛总数的97.7%。中国水牛均属于沼泽型，体格粗壮，毛稀疏，多为灰黑色。角粗大而扁，向后方弯曲。皮厚，汗腺极不发达，热时需浸水散热，故名水牛。腿短蹄大，适于水田耕作。役力强，性温顺，易调教，以耐粗、耐劳著称。

（三）牦牛

牦牛属种是高原地区的家畜，分布在我国西藏、青海等海拔3000米以上的地区，甘肃、云南、四川和新疆部分地区也有分布。它抗寒力强，适应高原地区多变的气候。牦牛全身的毛很长，肩部毛长可达20厘米，毛色杂，有黑、深褐、灰、白等色。牦牛一年四季生活的地方不一样，冬季聚集到湖滨平原，夏秋到高原的雪线附近交配繁殖。野牦牛性情凶猛，人们一般不敢轻易触动它，被触怒的牦牛会以10倍的牛劲疯狂冲上来，有时还会把汽车撞翻。不过，牦牛有识途的本领，善走险路和沼泽地，并能避开陷阱择路而行，有时可作旅游者的前导。

我国牦牛主要为青海高原牦牛、西藏高山牦牛、九龙牦牛、天祝白牦牛和麦洼牦牛。

青海高原牦牛产于青海南部、北部高寒地区。

青海高原牦牛体型外貌上带有野牦牛的特征。体态结构紧凑，前躯发达，后躯较差。头大，额宽，角粗，皮松厚。在牧草缺乏的季节，青海高原牦牛通常利用长而灵活的舌，舐食灌丛、落叶、根茬以及残留在凹处的短草，极耐艰苦，并具有宜于爬山的四肢和似马蹄铁样硬质蹄壳，随处都可攀登自如。

西藏高山牦牛主要产于西藏东部高山深谷地区的高山草场。以嘉黎县产的牦牛最为优良。西藏东部、南部山原地区，海拔4000米以上的高寒湿润草场上均有分布。

西藏高山牦牛头比较粗重，眼圆有神，嘴方大，经调教的阉牦牛性情温驯，驮力强，耐劳，可供长途驮载货物运输。高山牦牛对分布区高海拔、低含氧、温差大、牧草生长期短的不良环境适应性很强，是当地人民生产、生活所不可缺的重要畜种。

九龙牦牛主要分布在四川省九龙、康定等地。为高大和多毛两个类型，毛多型产绒量比一般牦牛高5～10倍。

甘肃天祝白牦牛是我国稀有而珍贵的地方牦牛类群，是经过长期自然选育和人工选育而成的特有畜种。它不仅是甘肃省宝贵的畜种资源，也是我国乃至世界珍稀的牦牛种质资源，已被列入国家级畜禽保护品种。在我国明朝的藏传佛经中就有白色牦牛的记载。

天祝白牦牛生活在海拔3000米左右的高山草原生态环境条件下，在高寒少氧的特殊环境影响下，形成了其特殊的生态生理特性：全身毛丰厚，进入冷季后粗毛间密生绒毛，形成良好的保温层，不怕冰雪严寒；四肢健壮有力，善爬高山峻岭。它的肉、毛、绒、乳等产品，对高山草原严酷的生态环境条件适应性很强。

麦洼牦牛主要分布在四川省阿坝藏族羌族自治州，其背毛全黑，头大小适中。

由上可见，产在华北北部、内蒙古及西北一带牧区的牛，都属于蒙古牛的类型。这一类型的牛种，耐粗放的饲养管理，对于大陆性沙漠地带的风土适应性极强，体质强健，耐劳，这些都是蒙古牛的长处。产在东北、河北、山东、河南、关中等黄河流域一带平原地区的黄牛，属于华北役用牛型。毛色多深黄或浅黄，肌肉丰满，体型近似兼用种，分布很广。产于华南各省的牛属于华南役用型。性情温驯，四肢强健，用来担负旱地上的耕作。综上所述，可知在牛种的分类上我国自古就有一套较科学的分类方法。

五、我国引进的牛种

中国是世界上牛品种最多的国家，但随着人民生活水平的日益提高，现代优质肉牛生产对品种数量和质量的要求尚难得到满足。因此，陆续从国外引进了一些优良乳用牛，如荷兰牛、娟姗牛、短角牛等和我国各地的黄牛杂交，经过精心培育形成了许多高产乳用牛，对改良我国的牛种起了重要的作用。

（一）短角牛

短角牛原产于英格兰的诺桑伯、德拉姆、约克和林肯等郡；它是在18世纪，用当地的提兹河牛、达勒姆牛与荷兰牛等品种杂交育成的。因该品种牛是由当地长角牛改良而来，角较短小，故称为短角牛。

短角牛的杂交效果非常好，我国曾多次引入，主要分布于内蒙古自治区。杂种牛毛色紫红、体型改善、体格加大、产乳量提高，杂种优势明显。

（二）海福特牛

海福特牛产于英国英格兰的海福特郡，是英国古老的早熟中小型肉牛品种。海福特牛体躯宽大，全身肌肉丰满，具有典型的肉用牛的长方体型。被毛，除头、颈垂、腹下、四肢下部和尾端为白色外，其他部分均为红棕色。皮肤为橙红色。海福特牛具有体质强壮、较耐粗饲、适于放牧饲养、产肉率高等特点，在我国饲养的效果也很好。用海福特牛改良本地黄牛，也取得了一定成效。

（三）西门塔尔牛

西门塔尔牛原产于瑞士西部，原是瑞士的大型乳、肉、役三用品种牛，在产奶性能上被列为高产的奶牛品种。西门塔尔牛在引进我国后，对我国各地的黄牛改良效果非常明显，生产性能一般都能提高30%以上，因此很受欢迎。

（四）夏洛莱牛

夏洛莱牛原产于法国中西部到东南部的夏洛莱省和涅夫勒地区，是举世闻名的大型肉牛品种。以生长快、肉量多、体形大、耐粗放而受到国际市场的广泛欢迎。全身肌肉特别发达；骨骼结实，四肢强壮。与我国本地牛杂交来改良黄牛，取得了明显效果，后代体格明显加大，增长速度加快。

（五）荷斯坦牛

荷斯坦牛的起源已不可考，据对其头骨的研究，认为是欧洲原牛的后裔。体格高大，乳房特别庞大，具有典型的乳用型外貌，产奶量为各奶牛品种之冠。中国荷斯坦牛体型外貌多为乳用体型，华南地区的偏兼用型。

（六）娟姗牛

娟姗牛为乳牛著名品种。原产于英吉利海峡的泽西岛，旧译娟姗岛，故名。体形小，头小而清秀，乳房发育良好，是主要乳用牛品种中最小的品种之一。与其他品种相比，耐热性强，并以其采食性好，乳脂、乳蛋白率较高而著称。

（七）利木赞牛

利木赞牛原产于法国中部的利木赞高原，产肉性能高，是法国等一些欧洲国家生产牛肉的主要品种。我国数次从法国引入利木赞牛，在河南、山东、内蒙古等地改良当地黄牛。肉用特征明显，生长强度增大，杂种优势明显。

（八）婆罗门牛

婆罗门牛原产于美国西南部，是美国培育成的肉用牛品种，产肉性能好，而且具有耐热、耐粗饲和易于管理的优良特性，已出口到60多个国家，广泛应用于杂交繁育。婆罗门牛具有改良我国南方炎热地区黄牛转向肉用牛的特性。

（九）摩拉水牛

摩拉水牛俗称印度水牛，原产于印度，是世界上著名的乳牛品种。体形高大，四肢粗壮，母牛乳房发育良好，是较好的乳用水牛品种。具有耐粗饲，耐热，抗病能力强，繁殖率高，遗传稳定的优点。与我国本地水牛杂交后生产发育快，役力强，产奶量高。我国南方各省均有饲养。

六、牛的近亲和远亲

（一）犀牛不是牛

犀牛不是牛类，而是哺乳纲奇蹄目犀科动物，但它的体态确实有点像牛。我国很早就曾有关于犀牛的记载。《汉书·平帝纪》：“二年春，黄支国献犀牛。”颜师古注：“犀状如水牛。”唐杜甫《石犀行》：“君不见秦时蜀太守，刻石立作五犀牛。”犀牛主要分布于非洲和东南亚，体格粗壮庞大，体重仅次于大象。体肥笨拙，皮肤坚厚，毛被稀少而硬。头大而长，颈短粗，长唇延长伸出。头部有实心的独角或双角，角脱落仍能复生。犀牛角是名贵的中药。有清热、凉血、定惊、解毒之功效。现已列为世界性保护动物。

（二）海牛更不是牛

在大西洋北美东南沿海以及南美洲东北沿岸的水中，生活着一种头部似牛的动物，它虽有牛之名，却与陆生的牛并不是同一“老祖宗”，它不属于牛类，而是属于哺乳纲海牛目海牛科动物。体重三四百公斤，有的更大，头小而头骨厚。人一样的脸，有鼻有眼，眼睛小，眼后有小耳孔。海牛皮下储存大量脂肪，能在海水中保持体温；没有后肢，但仍保留着一个退化的骨盆；眼小，视觉不佳；听觉良好。

野生的海牛多半栖息在浅海，从不到深海去，更不到岸上来，它们平时吃海藻和鱼虾为生。每年生一子。在哺乳时，雌海牛用一对偶鳍将孩子抱在胸前将上身浮在海面，所以，海牛素有美人鱼的美称。

七、牛的趣闻

灯牛　拉丁美洲圭亚那有一种“灯牛”，因其尾可制蜡烛、作灯用而得名。当地人将其宰杀后，在取下的牛尾巴中心钻个小洞，插入灯芯，便制成一支“牛尾烛”。这种烛光亮而无烟，可点七八个小时。

水花牛　卢旺达有一种与众不同的牛。它的头部有一大丛毛，好像是戴着一顶漂亮的花帽；背部长着五颜六色的花纹，仿佛是穿了一件鲜艳的花衣。当它们洗澡时，露出水面的只有头部的“花帽”和背部的“花衣”。老远看去，河面上像是绽开了一朵朵美丽的“水花”。

喷水牛　在非洲尼日利亚西部村庄有一种整天不断喷水的牛，

当地人叫它“息西”。其颈部有贮水的囊包。据说，它的口腔不能分泌唾液，为使舌头不致干裂，就必须不断地喷水。当地农民常用这种牛浇灌土地。

香味牛 北美洲北部的格陵兰岛上，有一种奇特的牛，它的身体能发出香味。这种牛的经济价值极高，世界各国每年都要到这里购买大批香味牛，饲养在动物园里，供游客们观赏。

吹风牛 摩洛哥的瓦锡巴有一种名贵的“吹风牛”，这种牛不用鼻子呼吸，而是用嘴呼吸。呼气时，“风力”特别大，当地人将这种牛当鼓风机来使用。

驼峰牛 马达加斯加有一种怪牛，在颈背之间有驼峰一样隆起的包，故名“驼峰牛”。这种牛善走，耐渴，加之有驼峰，便于拉套，当地农民常用它来拉车。

牛“医生” 德国有关人士做过一项试验研究，发现受过专门训练的奶牛用舌头舔某些皮肤病患者的患处，能起到杀菌的作用。原来这是牛的唾液所具有的威力，而且牛舌舔时又像是按摩，能促进血液循环，对治疗秃头和神经性皮炎有特效。

最懒的牛 非洲有一种睡牛，堪称“睡觉大王”，是世界上最懒的牛。这种牛每天吃饱喝足后，至少要睡上20个小时，且不会耕田拉车。但它在短时间内可长出1000磅左右的肥肉，成为人们的食用佳肴。

哈哈大笑的牛 圭亚那的奔米达地区有一种会发笑的牛。它的喉部长着一个“S”形的隔音膜，叫时，此膜剧烈颤动，发出“哈哈哈，哈哈哈”的声音。人们就形象地称它为“哈哈牛”或“笑牛”。又因它的叫声像古稀老人在爽朗地笑，所以还被称作“笑老人”。当地居民非常喜欢这种牛，都把其作为吉祥的象征。

用脚饮水的牛 非洲有一种名叫“非罗龙德特”的牛，非常奇特，它不用嘴巴喝水，而用脚喝水。原来，这种牛的四蹄下均有直通胃部的气囊，因此只需在水里站几分钟，就能吸取大量的水。

喝酒才干活的牛 在印度尼西亚比迪县有一种牛，在剧烈活动前，必须要喝葡萄酒，否则，它们就躺下怠工，任主人如何拍打喝骂也无济于事。

八、牛全身都是宝

人们喜欢牛，赞美牛，不仅因其生性温驯和善于吃苦耐劳，更因其以全身之宝献给了人类。如今，人类社会越来越发达，牛的经济效益也越来越高，牛的肉、皮、毛、角、骨、奶和血等极大地促进了工农业生产发展和人民物质生活水平的提高。

牛肉 牛肉是营养非常丰富的食品。牛肉含蛋白质非常高，还有比较全的氨基酸和多种矿物质，是人体所必需而又容易吸收的营养品。牛肉含有的脂肪，是人体重要的供能物质，发热量比糖高2倍，还含有维生素A、A_1、B_1、E等。食用适量的牛肉，有着十分重要的作用。

自古以来，人们就把牛肉制成很多味美、保健的食品，并积累了丰富的经验。烤牛排和牛肉干更是西方国家的著名食品。牛肉的营养和药用价值还有很多。国外有研究小组发现，牛肉中含有一种能抑制致癌物的诱变活动的成分，可起到防癌作用。

牛奶 牛奶是一种含有多种有机成分的高级营养食品，它含有丰富的蛋白质、乳糖、脂肪及钙、磷、铁、锰等物质。经常饮用，能益精强身，又有延年益寿的作用。牛奶还含有大量维生素A，可以保护胃黏膜不受致癌毒物的损害，有防癌的功效。它还具有降低胆固醇的作用，其原因是牛奶中有一种能抑制胆固醇生成的成分——乳基酸。牛奶又可制成酸牛奶，酸牛奶中含有大量乳酸及其它一些有机酸和柠檬酸、葡萄糖醛酸等，营养及食疗价值更高，深受人们喜爱。

牛蹄　牛蹄俗称“十里香”。将它剔除硬甲留筋，含有丰富的大分子胶原蛋白质，而且容易被人体吸收。牛蹄筋是牛身上的副产品，形似人参，色泽透明，能烹制宴席中的上等菜肴，其风味别致，营养丰富，还具有一定的食疗作用。经分析，10克牛蹄筋含有人体必需的蛋白质30.2克，脂肪0.3克，热量124千卡。很有健骨强筋、益精补阳、滋阴健胃的功效。母牛蹄还有下奶的作用。

牛脑　牛脑性甘温，含大量氨基酸、糖类及某些激素。对体瘦病态者是最好的食疗保健品，但食用时要适当，不能过多，在食用前可加点配料煮之，对于头晕、头痛、眼花也有一定的疗效。

牛骨　牛骨富含钙、钾、磷等物质，其中有效钙含量高达38.8%，还含有多量维生素A、B、B_1等。因此颇有强身健胃之功效。用牛骨砸碎熬制汤汁药膳，不但味美色鲜，而且营养丰富，能治疗青少年营养性近视和老年骨质疏松症。将牛骨烧成灰，既是治肠炎、腹泻和吐血的良药，又是滋补脾肾的佳品。再配以它物，对妇女功能性子宫出血病有一定的疗效。经常食用，效果甚佳。

牛皮　在人们的生活中，牛皮不仅有很多用途，而且营养及药用价值也很高。牛皮最明显的药效用途就是熬制阿胶，尤以黑牛皮为佳。阿胶是润肺益肾、滋阴补血的珍贵良药，可治妇女崩漏、肺结核咯血、痔血、便血等症，也可用于治疗面色萎黄或晦滞、口干升火或便秘等疾病。牛皮坚韧牢固，有细毛孔，通气性好。它有春能吸湿、夏不怕热、冬能保温的优点，是制造皮衣、皮靴、皮带的优质材料。牛皮制成的牛皮胶，是医药、油漆、木工不可缺少的材料，也可用于复印胶版、防雨浆、黏合剂、火柴调药、木材胶合料等；并可用于丝绸、棉纱、棉布、草帽等的上浆和铜版纸、蜡光纸上光等。

牛角 牛角的主要成分是维生素P和钾、钙元素。维生素P可增强身体细胞间的黏附力，具有保护血管、防止出血的作用。钾是人体不能缺少的营养元素，它能维持正常血压，有降压抗病的功效。犀牛角曾被誉为“灵丹妙药”。作为中药，牛角是著名的寒性药物，具有清心安神、凉血止血、泻火解毒之功效。牛角配生地、丹皮、赤芍等。

牛血 据分析，每公斤牛血含150克以上的蛋白质，比牛肉含量还略高些，而且是一种全价蛋白质，并含有多量维生素A、B、C、E等，以及含有人体需要的8种氨基酸和多种微量元素，其中的氨基酸相当于肉、蛋奶的2倍，脂肪少，且铁质较多，还有一定数量的卵磷脂，这些均易为人体所吸收和利用。因此，常食牛血，对老年人、妇女和儿童以及记忆力减退者非常有利。牛血也是高血脂患者良好的蛋白质来源和最理想的食品。

牛黄 牛黄是牛胆囊里的结石，即病牛胆汁凝结成的黄色粒状物和块状物，是珍贵的中药材。牛黄习称“乌金衣”，气清香，味微苦而后甜，性凉。可用于清心，豁痰，开窍，凉肝，息风，解毒。内服治高热神志昏迷、癫狂、小儿惊风、抽搐等症。外用治咽喉肿痛、口疮痈肿、疔毒症。牛黄始载于《神农本草经》，列为上品。据说英国女王伊丽莎白一世和瑞典国王埃里克都曾经把牛黄镶嵌在戒指或项链里当“救命丹”。如果把牛黄浸在毒酒中，它将以其神效使酒中的毒性失效。

牛痘的诞生 牛痘战胜了死神的忠实帮凶——天花病。天花病几乎是有人类历史以来就存在的。在公元前一千年保存下来的埃及木乃伊尸身上，就发现有天花的痘痕。每4名天花病人当中便有一人死亡，而剩余的3人却要留下丑陋的天花痘痕，几乎是有人类历史以来就存在的可怕疾病。曾经不可一世的古罗马帝国相传就是因为天花的肆虐，无法加以遏制，以致国威日蹙。若干世纪以来，天花的广泛流行使人们惊恐战栗，谈虎色变。18世纪欧洲蔓延天花，死亡人数达1.5亿人以上。但天花在牛身上的发作却比较平和，医学家琴纳经过二十多年的研究，把反应轻微的牛痘接种到健康人身上预防了天花。牛痘的诞生开辟了免疫学的新领域，也为医治危害人类健康的狂犬病、白喉病、伤寒、痢疾、霍乱等疾病找到了理论上的依据而加以攻克和防治。

第三章　民间对肖牛的崇信

由于牛与人们生产生活关系密切，与牛相关的节俗门类繁多，不胜枚举。这些节俗是肖牛崇信的重要方面，也是肖牛文化保持旺盛生命力的关键所在。

一、中国古代的牛崇信

（一）神圣的牛祭

牛在古代中国人的心目中是具有灵性的动物，可以通神，因此，在重大的祭祀仪式上一般都要选用牛，这样才显得庄重肃穆。古代祭祀所用的牛称作牲牛，在颜色、体态方面都有严格规定，不是随便拉来一头牛就可以作献祭用的。

祭祀选用的牛不但毛色要纯一，而且还要求身体高大，全身不能有毛病。

牛祭是古人最重要的祭礼之一，因此在选定吉日后要将献祭的牛改名为“牲”。给牛改名后还要占卜是否为吉。

如果占卜的结果为吉，作为祭祀的牛也因此会受到特殊的待遇。每天要给它吃好的，穿好的。甚至连国君见到牲牛也要表示敬意。祭祀当日，国君要迎接牲牛，有时要亲自牵牛入庙。人们相信以这样隆重的仪式祭祀祖先或神灵，就能够得到更多的庇佑。

（二）庄严的牛誓

古代诸侯之间宣誓订立盟约，必须举行一种“歃血为盟”的仪式。这种“歃血为盟”的具体结盟程序为：结盟的次盟者先将一头活牛的牛耳割下来，取血，盛于敦（dui）中，由次盟者执盘和敦，主盟者率先将祭拜过天地神灵的牛血涂抹于口上，与盟者接着相继歃血，表示彼此之间有天地神灵为鉴，要坚守盟约，要言而有信。倘若有违约者，必将遭受神灵的惩罚，最终将像牛一样死亡。

这种“歃血为盟”的仪式在古代是很隆重的。但随着周天子式微，诸侯间纷争不断，有时为了彼此的利益不得不进行会盟。在会盟中，称霸诸侯的盟主首先歃血，各诸侯国强弱大小的地位以歃血之先后体现，谁先歃血，谁执牛耳，常会引发争议。《左传·襄公二十七年》说：“晋楚争先。晋人曰：晋固为诸侯盟主，未有先晋者也。”这里说的“争先”，就是争歃血之先。当时晋国称霸已久，怎肯让楚国争先歃血，大国盟主的地位不得动摇。

二、牛是春耕的顶梁柱

“一年之计在于春”，春为一年之始，人们往往把美好的愿望都寄托在新的一年里。农历二十四节气中的立春，俗称“打春”，有时在农历十二月，有时在农历正月。立春之日，东风解冻，正是劝农耕作之时，因此立春既是一个古老的节气，也是一个重大的节日。

（一）迎春神

迎春，又名演春、接春，是立春前一天迎芒神的仪式。迎春的历史由来已久，是远古时期一种很普遍的信仰，进入文明时代以后，迎春由皇室控制。皇帝迎春之后，平民百姓才迎春。《礼记·月令》：“立春之日，天子亲率三公、九卿、诸大夫以迎春于东郊。”后世也沿用其制。后来又改为皇帝在宫中举行迎春之礼，再由宫中推及民间。

明代时迎春又有了一些改进，侧重由民间迎春送进宫中。

清代沿用明制。潘荣陛的《帝京岁时纪胜》提及迎春仪式："京师除各署鞭春外，以彩绘按图经制芒神土牛，舁以彩亭……立春前一日，顺天府尹率官迎春于东直门外，棣役舁芒神土牛，导以鼓乐，到府前陈于彩棚。立春日，大兴、宛平县令设案于午门外正中，府县生员舁进，礼部官前导，尚书、侍郎、府展及丞后随，由午门中门入。……府尹乃出土牛环击，以示劝农之意。"

在黄河下游地区，民间迎春时人们必成群结伙出村，以见到红衣、红头巾、红布包为吉。认为红色是春天的象征，看到红色光临就说明迎来了春天。

（二）鞭春牛

旧时历书和民间木版年画上，常印有春牛图案，大体都是按古时"打春牛"的情景描绘，寓意迎春天，农事始，五谷丰。年年春打六九头，烟火爆竹放未休。五彩旌旗喧锣鼓，围看府尹鞭春牛。唐代诗人元稹《生春》诗："鞭牛县门外，争土盖春蚕。"先鞭而后争，是古代送冬寒迎新春风俗的两部曲。

鞭春牛又称鞭土牛，是春耕伊始的标志，兴起于西周时期。随着农业经济的普遍开展，迎春鞭牛活动正式列为周朝的国家典礼。高承《事物纪原》载："周公始制立春土牛，盖出土牛以示农耕早晚。"

到了汉代，鞭春牛风俗已相当流行。立春日清晨，先于腊月于国门外置六头牛，由耕人伴之。京城百官身着青衣、戴青帽、立青幡，送土牛于城门外，官员执鞭击土牛，以示黎民勤于农耕，勿误农事。这种仪式，已经固定下来，并传到了各郡县。鞭春牛之后，老百姓哄抢碎牛的散土，认为"土牛之肉宜蚕，兼辟瘟疫"。争来抢去，成了一个热热闹闹的“鞭春节”或“鞭牛节”。

唐代，鞭春牛活动相沿成习。

宋代鞭春牛更加普遍，《东京梦华录》载：“立春前一日，开封府进春牛入禁中鞭春；开封、祥符两县，置春牛于府前，至日绝早，府僚打春，如方州仪。”

宋代鞭春牛时四门均都打开，各出土牛，牛身饰彩，鼓乐相迎，由人装扮成主管草木生长的句芒神，鞭打春牛。宫中举行由皇帝主礼的“鞭春”仪式。地方上则由地方官行香主礼。一方面宣告包括农事在内的一年劳作的开始，一方面祈祷当年的丰收，然后用装饰华阳的“春鞭”先抽第一鞭，后依排位大小，依次鞭打。最终是将一头土牛打得稀巴烂后，围观者一拥而上，争抢碎土，据说扔进自己田里，就是丰收吉兆。

鞭春牛活动最初主要在中原地区进行，是以汉族为主的迎春习俗。唐代以后逐渐向全国各地扩散，而且直接影响并传入到了北方的契丹、女真等少数民族之中。

春牛的风俗，也传到了蒙古族建立的元朝。受汉地风俗的影响，元代宫廷中也有了迎春牛、鞭春牛等活动。每年立春前，太史院先要奏报立春具体日期，并且移文宛平县（今北京市丰台区卢沟桥镇）或大兴县（今北京市大兴区），准备春牛、句芒神等。立春前三天，太史院、司农司请中书省宰辅等官员一同在大都齐政楼南迎接太岁神牛。立春当天清晨，中书省户部向皇帝、太子、后妃、诸王、宰辅及各种中央官衙进送春牛。

古人认为，立春时节是繁衍的重要时节，“鞭春牛”一是祈求农业丰收，二是祈求牲畜兴旺。前者解决人们生存所需的物质基础，后者是提供人类繁衍所需的生产动力，人们通过“鞭春牛”的形式来祈求上苍保佑人类生存的两大基本支柱。

（三）春牛芒神

“送春牛”体现的是官方色彩，但由于多数地区送春牛活动未能惠及乡村民间，所以民间便有了送春牛的延伸习俗“送春牛图”。春牛、芒神与春牛图就成了“送春牛”不可缺少的主角。

芒神又称句芒、春神，是主宰草木和生命生长之神，也是主宰农业生产之神。在先秦文献中有不少关于芒神的记载。相传古代东夷族首领少皞氏率民迁居黄河下游，要大家从游牧改学耕作，并派他的儿子句芒管理这项事业。句芒在寒冬即将逝去前，采河边葭草烧成灰烬，放在竹管内，然后守候在竹管旁，到了冬尽春来的那一刻，阳气上升，竹节内的草灰便浮扬起来，标志着春天降临了。于是句芒下令大家一起翻土犁田，准备播种。大家都能听从句芒的号令，可是帮人犁田的老牛却仍沉浸在“冬眠”的酣睡中，懒得爬起来干活。有人建议用鞭子抽打它，句芒不同意，说牛是我们的帮手，不许虐待，吓唬吓唬就行了。他让大家用泥土捏制成牛的形状，然后挥舞鞭子对之抽打，鞭响声惊醒了老牛们，一看伏在地上睡觉的同类正在挨抽，吓得都站起身来，乖乖地听人指挥，下地干活去了。由于按时耕作，当年获得了好收成，原先以畜牧为生的人们都乐于从事农业了。此后，看灰立春、鞭打土牛逐渐积淀成了人们判断时令、及时耕作的定规，句芒则被尊为专行督作农耕的神祇。在《山海经》里，句芒的形象被描绘成人的面孔，鸟的身体，有双翅和羽毛，这大概与东夷族以鸟为图腾有关。这种图腾既是该氏族的源头，也是他们的保护神，主宰万物生长，农业丰收。

宋代时句芒神形象不再是人面鸟身打扮，而已经非常人性化：彩画端正，长约二尺，头有双髻，立而不坐，手执牛鞭，似牧童之像。迎春时，祭祀芒神的神亭前又有纸牛、活牛各一头，或抬或牵，随着由小童装扮的“芒神”而行，此即所谓春牛。纸牛可任人鞭打，俗谓“鞭春牛”。

“春牛图”是古人根据当年天干地支、阴阳五行原理绘制而成的。拜祭春神句芒的“春牛”形象颇多讲究。

清朝每年六月都责成钦天监按年建干支，推算次年春牛之颜色、形象，制成春牛、芒神图，然后发往各地府县，各地官员再依图绘制春牛、芒神像，由主管祭春，众人持鞭打春牛，举行隆重的祭春仪式。

芒神的形象依据纪年干支的不同，或为老者，或为青壮，或为童子，其衣服腰带的颜色也根据天干地支的不同组合而决定。

（四）春牛舞

春牛舞，又称唱春牛、鞭土牛、跳春牛、春牛会，具有历史悠久，乡土气息浓郁，群众喜闻乐见的特点。

春牛舞在中国形成很早，《吕氏春秋·古乐将》便有记载。

在清代，各地民间在鞭春牛时，开始演唱土腔民歌，遂有了“唱春牛”的民俗。最开始的唱词主要是赞歌，如“一鞭曰风调雨顺，二鞭曰国泰平安，三鞭曰天子万岁春”。

每年春节或开耕时节，一些地区还盛行春牛舞。“春牛”一般由两个演员扮舞，一人舞牛头，一人舞牛尾，牛头用木头或竹篾扎制，外形比真的牛头大一倍，弯弯的牛角，大大的眼睛，黑的皮毛，牛鼻被穿着，和真的一样。牛身用布做成，遮住里边的演员，牛身和牛尾由一人操舞。

表演时，牛的舞蹈动作很简单，只是随着牵牛人的唱颂，摇头摆尾，作欣喜之状，接受人们的称赞。牵牛人的动作则比较多，一边唱一边抚摸着春牛，从牛头摸到牛尾，每摸一处，都有唱词，如摸摸牛头摸牛耳，农家耕作全靠你；摸摸牛头摸牛眼，薯粟豆麦粮增产；摸摸牛头摸牛尾，耕夫步步紧相随；摸摸牛头摸牛身，风调雨顺好耕耘。牛儿是个农家宝，农民爱牛乐呵呵，相依为命勤耕作，共同走向金光道。

唱词除赞颂耕牛，还唱节令、农时，表现劳作过程，内容朴实，曲调深沉，满怀深情地赞颂和他们一起辛勤劳作的耕牛，充分表现了对“农家宝贝”的爱怜，对未来生活的祈求和期望。

三、各地肖牛迎春习俗

中国远古社会是农耕社会，牛崇拜是崇拜祖先、重视农耕和祈求丰产等农耕民族文化的外在表现，具有丰富的文化内涵。

（一）山西打春牛习俗

山西民间流行着春字歌：“春日春风动，春江春水流。春人饮春酒，春官鞭春牛。”讲的就是打春牛的盛况。

旧俗立春的前一天，有两名艺人顶冠饰带，一个叫作春官，另一个称为春吏。沿街高喊：“春来了”，就是俗称的报春。无论士、农、工、商，见春官都要作揖礼谒。这一天，州、县要举行隆重的“迎春”活动。前面是鼓乐仪仗队担任导引；中间是穿着官衣的州、县长官率领的所有僚属；后面是农民队伍，都执农具。来到城东郊，迎接先期制作好的芒神与春牛。

民间习惯在立春日吃萝卜、姜、葱、面饼，称为“咬春”。运城地区新嫁女，娘家要接回，称为“迎春”。临汾地区则有请女婿吃春饼的习俗。

（二）侗族闹春牛习俗

侗族聚居于湘、桂、黔三省区毗邻一带，是一个古老的民族，有着许多自己独特的传统习俗文化，正月“闹春牛”就是其中之一。

闹春牛在侗族自治县村村寨寨都有。春牛是由竹篾和彩布编制而成，扎一个牛头和一个牛尾，牛头、牛角糊上绵纸，画上牛眼，牛身用一块黑布或灰布连接起来，由身手灵巧的健壮小伙舞动，一人耍头一人耍尾。立春过后的正月里，由春牛领头，后随着扶犁耙、手执牛鞭的人，青年男子或打扮成妇女背竹篓或是撑伞梳辫抹红脸扮女子，后面跟随着浩浩荡荡的闹春牛队伍。一路敲锣打鼓，先是在各村中心地段闹，然后一路走一路闹，走村串寨、挨家挨户进行祈福拜节。有时逗趣的妇女们还特意用黑黑的锅灰抹到表演者的脸上，对方也会毫不客气地把锅灰反抹到她们脸上，双方扭成一团，惹得围观者开怀大笑。喜庆的锣鼓声，伴着春牛歌，他们走到哪里，哪里就有歌声笑声。

这种诙谐风趣的活动在给人们增添节日喜庆气氛和欢乐的同时，也寄托着侗家人祈盼新年风调雨顺、五谷丰登、六畜兴旺的美好愿望。

（三）福建肖牛迎春习俗

福建各地历来都有接春之俗。但各地的习俗略有不同，福建三明客家的接春习俗，是在祭祀前，家家户户采摘冬青树枝和桃李花，扎在竹竿上，制成“春把”，从天井伸向高空，堂前摆上供品，“立春”时辰一至，焚香烛、放鞭炮，称“迎春接福”，祈求全家安居乐业，稻菽丰收。有的地方，还用土捏成春牛或纸扎春牛，分送各户，置于灶君之旁，以祈风调雨顺、五谷丰登。民间艺人则三五一伙、八九一群地吹着唢呐，拉着丝弦，走街串巷，挨家挨户地送上一对泥塑牛，或送上一张写着“捷报春魁”的红纸，预告春耕开始，并向主人表示节日祝福。主人则感谢来人的祝愿，并奉送一个红包，以表谢意。

福建连城新泉、芷溪一带每年的“迎春”仪式，则借“鞭春牛”“游春牛”和“犁春牛”等活动告诫农民冬闲已过去，农事就此开始，要辛勤耕作，不误农时。

（四）浙江迎春牛习俗

立春，浙江温州人又称“交春”，并有“新春大如年”之说。

迎春牛，又称“迎春”，是立春前一天举行的古老迎春大典，温州早在明代已盛。

温州鞭春牛，后来演变成打春官旧俗。迎春时，由衙门内一个职位最低的管农事的“四老爷”扮成春官，身穿红衣，头戴无翅纱帽，坐在四边围着红布的轿子里，到太岁殿迎接春牛、句芒神进城，然后在城里城外游行一圈，以祈求丰年。民谚：“四老爷儿迎春，该日算我最大。”在迎春队伍里，春官后面是仪仗队和各官员按品级依次乘坐的明舆，其余胥吏、差役头戴柳枝，身穿黑皮马褂，足蹬皂靴，手捧签筒，前呼后拥。在游城时，街道两旁民众纷纷用米抛向春官，抛着者意为吉利，俗称“打春官”。杨淡风《永嘉风俗竹枝词·打春》曰：“乡农痴蠢会寻欢，却爱打春夹道看。打碎土牛剩炭篓，不应彩杖打春官。”

而今温州城里迎春时，大街两边的民众拿着粘有纸花的竹竿，称为“春鞭”，竞相鞭打春牛，谁能打着便预示全年万事如意。

“中国第一水乡”周庄每年都会在贞丰泽国牌楼前举办隆重的打春牛仪式，以祈求新一年的平安丰收。

在欢快的鼓乐声中，四名家丁抬着金灿灿的“春牛”，与头戴红花、喜气洋洋的福禄寿三星、八仙等长长的贺春队伍一同抵达牌楼，随着司仪宣布“时辰已到，祭祀开始”，周庄庄主开始敬香祭祀祖先，而后以酒祭天地，祈求新年风调雨顺、国泰民安、五谷丰登。最后是打春牛，春牛与真牛大小相近，在竹骨上包以金黄色绸缎制作而成，庄主手持彩鞭，边打边念念有词：“一打风调雨顺，二打土肥地暄，三打三阳开泰，四打四季平安……”在打完十鞭后，鞭炮齐鸣、鼓乐齐奏……村民蜂拥而上，抢抓“牛”肚子里填满的稻谷、桂圆、花生等五谷杂粮。没有抢到五谷的村民会选择摸摸春牛。摸牛头福气自来投，摸牛腰钱财就上腰，摸牛尾福寿不见尾，以求沾好运。

（五）新疆“打春牛”习俗

地处东疆的巴里坤地区的“打春牛”于每年立春日在东关的关帝庙举行，意为驱赶瘟神，祈求一年太平。

巴里坤的春牛以新疆褐牛为原型，按真牛大小制作，钢丝为骨架，白布缝裹，再绘上颜色，春牛栩栩如生。

春牛抬到关帝庙里巡游后，被高高地供奉在香烛案前。在一阵锣鼓喧嚣后的寂静里，春官一声令下，众人将春牛打碎，纷纷把泥牛身上掉下来的渣拿回家，开春时带到地里，它寄托了人们对春天的企盼，对丰收的愿望。

四、少数民族节日敬牛习俗

牛与中国文化的密切关系，还渗透在丰富多彩的节日文化中。远古的许多牛崇拜流传下来，成为今天的节日或活动内容。

牛魂节

牛魂节又称牛生日、牛王节、脱轭节、开秧节、牛王诞，是壮、汉、布依、瑶、侗、土家、仫佬等民族的传统节日。多在每年农历四月初八举行。传说这一天是牛王的生日，我国各民族的民间养牛人家，都要用不同的形式来庆贺。

这天农家通常给牛放假，各家各户把牛栏修整一新，村老们对全村的牛评头品足，并告诫各家要爱护耕牛。家家蒸制五色糯饭，用枇杷叶包裹喂牛。有的地方还在堂屋摆上酒肉瓜果供品，由家长牵一头老牛绕着供品行走，边走边唱，以赞颂和酬谢牛的功德。各家各户先把牛喂饱，然后全家人才吃节饭。

每逢节日这天，桂北地区的壮、侗、瑶、苗等少数民族的群众都要上山采集乌桕等树叶，用煮出的水做一锅糯米饭，叫作乌饭。人们盛碗这样的饭，并放上几块煮好的腊肉，先端去喂给牛吃，然后自己才吃饭。不管地里的活有多少，这一天都要忌耕牛犁田耙地，免除其一切劳动。

关于牛魂节的来历，各民族都有不同的传说。桂北一带比较流行的一则故事是：很久以前，桂北一带牛瘟盛行，耕牛大量死亡，人们便在四月初八这天祭神拜天，祈求神灵保佑，牛王从天而降，保护了人间的耕牛。为了纪念牛王的功绩，人们定下每年农历四月初八为牛王节。

壮族的牛魂节

壮族的牛魂节古已有之。相传在七千多年前，河姆渡氏族公社制作了骨器、陶器，会用骨耜翻地种植水稻后，就懂得饲养猪和牛。在落后的刀耕火种的原始时代，耕牛为人们的拓荒耕作立下汗马功劳。故壮族人敬牛、爱牛的传统，在每年过牛魂节时更是表露无遗。

牛魂节，壮族、瑶族、苗族等少数民族的群众都要上山采集几种树叶，用亲自酿制的甜酒和用植物汁液染成的五色糯米饭来喂牛。

不管农活多繁忙，这天耕牛都解缰卸轭，免除各种徭役，忌棍打鞭甩。因为耕牛在春耕中被人们呵斥鞭打而失魂，故立此节慰劳耕牛，为耕牛招魂。清晨勒肖（即姑娘）们要把牛牵到河边洗刷干净，用艾草烧水给牛还魂，用糯米甜酒等酬其耕作之劳。再用“五谷香糍粑”喂它，以示五谷丰登。有的地方还要长者高唱牛歌：“……惜衣方有衣服穿，爱牛才有五谷收，奉劝世人惜耕牛，人畜两旺乐悠悠。”人们用此祈求耕牛兴旺，五谷丰登，表现了人们对耕牛的崇敬和爱护。

侗族牛王节

贵州省锦屏县侗族人以四月初八为牛王节。在侗语中，牛王节为“脱生尼”，意为“牛的生日”，又叫“牛王会”，意为“为牛王生日会岁”。

牛王节这天，整个侗家村寨忙碌极了，清早各家要备办香纸酒肉，到庵堂去祭牛王菩萨，男主人们聚在一起进行吃会。

吃会的时候要喝酒划拳，大唱牛歌，即追忆牛王节来历，歌颂牛的丰功伟绩，祝福牛无病无灾，膘肥体壮。

女人们则在家里为牛煮白米饭沙油茶，条件好的还要煮鸡蛋供牛食用，以表示春耕大忙前对它的深情慰问和热烈奖赏。

仡佬族的祭牛王节

农历十月初一是仡佬族民间特有的节日“牛王节”。居住在贵州仁怀、遵义一带的仡佬族，又称之为“敬牛王菩萨”或“祭牛王”。仡佬族民谚有：“仡家一头牛，姓名在里头”的说法。传说过去仡佬族连年征战，牛曾救过仡佬族先人，所以才有祭牛王节的传统。

每到这一天，当地仡佬族人民便要杀鸡备酒，点香燃烛烧纸钱，在牛厩门前敬牛王菩萨，祈愿它保佑耕牛身躯健壮，无病无灾。据仡佬族人说，这一天是为牛做寿，酬谢耕牛对仡佬族人民所做的贡献。养牛人的家，到了这一天都要停止使役，让牛在家休息，并把牛圈收拾得干干净净，用最好的牧草和饲料喂牛。同时，还要用上等糯米打两个糍粑，分别挂在牛的两只角上，再把牛牵到水边，让它从水中照见自己的影子。然后取下糍粑，给牛吃掉，说这是替牛祝寿。有的地方，还要放一串鞭炮，给牛披红挂彩，表示祝贺。没有养牛的人家，也要备办酒、肉、香、烛、纸线，到自家的田边祭祀牛王菩萨，祈求它保佑自己早日买上耕牛。

苗族的牛王节

黔东南地区苗族的牛王节也是每年的农历十月初一。这一天，家家户户要停止役使耕牛，用最好的饲料喂牛，还要在两个牛角上各挂一个用糯米做的糍粑，并用酒抹牛鼻来慰劳牛对农家的贡献。

布依族的牛神节

贵州布依族在农历四月初八过牛神节，又称开秧节，从此开始插秧，也称牧童节。当天卸下牛轭，让牛休息一天，给牛吃黑米饭。据民间故事《牛王节》记载："以前布依族种水稻是把种子撒在沼泽地、河水边和沟水边，由它自己长，庄稼长得不好。后来用牛耕田耙地，同时用牛粪作肥料，庄稼越长越好。为此，自古以来布依族人民爱牛如爱宝，与牛相依为伴。四月初八这天，在不同的地域，采取不同形式的活动，歌颂为布依族农耕稻作做出巨大贡献的牛。"

"祭牛王"活动通常由德高望重的布依族老人用猪头、鸡、酒、香纸祭拜牛王，年轻漂亮的布依族姑娘和小伙着盛装守候在寨门前，为前来参加活动的每一位客人献上精心酿制的美酒。中午时为每一头辛勤劳作的耕牛佩戴上鲜艳的红花，用精心制作的花米饭和新鲜的青草慰劳耕牛，并在村内举行盛大的游行仪式。

"四月八牛王节"是布依族人民为庆贺五谷丰登、六畜兴旺、丰衣足食，赞美牛无私奉献的节日。

黎族的牛节

海南黎族在农历七月或十月过牛节。居住在五指山中心的黎族合亩制地区的黎民，到了这一天，亩头要在家中敲锣打鼓，为牛招魂。黎族人认为牛有灵魂，每头牛都有一块美丽的牛魂石。他们将宝石视为牛魂的象征和牛群繁殖的福气，所以亩头夫妇要在家中用自己酿造的酒洗牛魂石，给牛喂米酒，以求牛的强壮兴旺。人们还在牛王节时跳“总兵”舞，祈求作为家庭财富的牛群有大的发展。

土家族的牛王生日

四月初八是湘西土家人的牛王节。相传很久以前，居住在这里的土家族、苗族人民都靠捕猎野兽和采摘野果度日，长年身受饥饿的威胁。寨子旁边有一个天湖，天湖那边种有金灿灿的仙谷，人们对于能吃到天湖那边的仙谷米非常向往。但天湖深而无际，波涛汹涌，无法渡过。为了生存，一些年轻人冒着生命危险，扎起木排想渡过天湖去盗仙谷，可总是一去不归，葬身湖底……土家山寨的强壮小伙子越来越少，剩下的都是老弱病残、孤寡年幼者，只能在饥饿和野兽的威胁中苦苦挣扎。

传说天湖旁有一头因犯天条被玉帝罚下凡间受罪的神牛，它被土家族青年舍命渡天湖的精神所感动。一天深夜，它潜水偷渡过天湖，进入仙谷田里一阵乱滚，让身上粘满了谷粒，但在潜回时身上的仙谷被水冲走了。幸好，神牛鼻子尖上和耳朵里还有几十粒仙谷没被冲走，它把谷种送给了当地的土家族、苗族人。从此土家族、苗族人民有了谷种，年年五谷丰登，过上了好日子。但神牛却因身受重伤和苦累，死于农历四月初八，土家族人、苗族人非常悲哀，他们将神牛按照安葬老人的仪式进行了厚葬。并在每年的农历四月初八这天，给所有的牛披红挂彩，用最隆重的礼仪来祭奠神牛。由此形成了“牛王节”。

土家人过牛王节家家宰鸡杀猪，让牛休耕，并喂给它精美的饲料。石柱等地的土家人建有牛王庙，在四月初八过牛王节，还办牛王会，届时要唱牛王戏，以示消灾，求得牲畜兴旺。

畲族的牛歇节

四月初八也被畲民称为“爱牛节”，又称“牛歇节”。爱牛始于畲族人的传统，他们认为牲畜是有灵性的，特别是耕牛，给他们带来粮食，使他们过上丰衣足食的好日子。因此畲民视牛为宝，爱牛如命，做到“暑天驱蚊虻，雪夜盖牛衣”。每逢春忙的前一个月，就给牛添营养，让其长膘。为不使牛耕地过度疲劳，坚持使役两天，休息一天。还定了民约：“牛歇四月八，人歇五月节”。

四月初八过“牛节”，畲族人还把自己的耕牛刷洗干净，在头角上佩戴红布，以显得喜庆。当日，天刚蒙蒙亮，畲民就赶牛上山吃玉帝抛下的馒头——甘露草。据说，此时辰的甘露草最补元气，牛吃了以后能顶千斤力。中午，把牛牵到溪边，用竹制的篦梳梳洗牛身，以除虱、压惊、定神。晚上，拿泥鳅或鸡蛋泡酒，贮入竹筒中灌喂，另加大米汤或番薯米粥进行饲养。

畲家崇拜耕牛，耕牛有畲族同胞特别喜爱的民间传说。在他们看来，耕牛散发着古老绵长的畲族性格色彩。

羌族的牛王会

羌族人民每逢农历十月初一过年节时，要祭祀图腾、祭祀祖先，其中包括祭祀牛王的内容。所以，年节又称牛王节，即牛王菩萨的生日。每年这天，要让耕牛休息，家家户户都拿几升面喂牛，用青稞面做成馍馍穿成串挂在牛角上，还要给牛挂红，用猪油或酥油把牛角擦亮，然后赶上山，任其自由自在玩耍。主人则到牛王庙焚香烧纸，并宰羊一只、鸡一只，祈求牛王爷保佑耕牛平安，不遭瘟疫。

白族的祭牛王会

白族先是各家在春耕栽种结束时，于自己的牛圈门口杀鸡向牛王供祭。祭祀时要在牛圈门上插青松枝和白花，以示对牛王的感谢。农作物收获后，还要在农历二月初一举行全村性的祭牛王会，杀猪宰鸡供祭牛王。同一天也举行五谷会，祭五谷之神。农历十月十一日，各村杀猪宰鸡在五谷庙内举行祭牛王会。各家春耕春种结束时，也要在牛圈门口杀鸡供祭，对牛表示感谢。

纳西族的敬牛王

云南丽江纳西族每年敬牛王两次，一次在农历六月二十至三十日，另一次是在农历九月十日至三十日。在此期间，由各家任选一天，给耕牛洗澡，让它休息。同时，主人家里也刷洗干净，摆放整齐，以示对牛王的敬意。这一天喂牛麦面饼12个，青稻草一捆，还在牛角上挂一串饼子，称为洗牛脚会。同时，他们还请来喇嘛念经，为牛求保平安。

敬牛王、祭牛王、过牛歇节等都与耕牛有关，都寄托着人们对牛的敬意，并祈求风调雨顺，五谷丰登。

五、与生肖牛相关的人生礼俗

牛有温良恭顺的习性和踏实肯干的精神，在人们心目中有着美好的印象。同时肖牛文化也逐渐渗透在日常礼仪习俗中，是人生礼仪中所不可缺少的灵物。从人一降生就与牛结下了不解之缘，历经命名、满月、成年、结婚、寿礼，以及丧葬送终，都与牛有着极密切的关系，所以说肖牛文化与人有着千丝万缕的联系。

（一）新生儿以牛命名

随着时代的发展，文化的进步，生活水平的提高，人们追求自我价值，追求个性张扬的意识与日俱增，越来越多的人逐渐认识到姓名对个体自身的重要性，很多父母在宝宝未出生之前就开始翻字典、查资料寻找吉祥的字，以便给孩子取一个饱含深意、不同凡响的名字。

给孩子起名时，很多人会考虑孩子的属相选取适宜的名字。另外小孩出生后一般会取两个名字，一个是大名或学名，另一个是小名或乳名。旧俗乳名十分讲究，民间信仰认为，牛年勾绞星占宫时，做事应小心谨慎，三思而后行。太阴星照临时，阴盛阳衰，须正道而行，以保一岁平安。因此婴儿出生以后，起的乳名讲究土、俗、怪、丑，其用意是鬼不理，好养活，多以贱称，如“大牛”“小牛”“牛牛”“铁牛”等等。旧时医药条件差，孩子难养，加上当时的人又很迷信，家长总怕神鬼妖怪勾了孩子，三病六灾缠了孩子，因此有的婴儿的父亲就携带着礼物，请求家族或是乡村里的长者给孩子起乳名。据说这样便能得到长者的荫庇，如今很多地方还保留着这样的风俗。

云南白拉祜族一般名字均有二个音节，第一个音节为性别，男名冠以“扎”、女名冠以“娜”。第二个音节为属相名。“发、努、拉、妥拉、保、斯、母、哟、莫、阿、丕、瓦”，对应十二生肖的拉祜名鼠、牛、虎、兔、龙、蛇、马、羊、猴、鸡、狗、猪。如鼠年出生的男孩叫“扎发”，女孩为“娜发”，牛年出生的男孩叫“扎努”，女孩叫“娜努”。

永宁纳西族也请达巴根据婴儿的属相取名。如男孩叫“依若”，“依”为牛，“若”为男孩，意为牛年生的男孩；女孩叫“依木”，“依”为牛，“木”为女孩，即牛年出生的小姑娘。

新疆柯尔克孜族，属牛的男孩名字常缀以“克郎”，意为属牛的男孩。

对于生肖取名，在旧时还迷信各种“宜忌”，因此在取名时也颇讲究，在给属牛人取名字时，有些部首的字宜用，有些则忌用。他们认为名字与生肖相配才吉祥，才能给人带来好运。

1. 属牛的人宜用的字

（1）有“草”字部首的字：莉、花、芝、苗、茹、萍、菁、莲、艺、芙、芸、芹、苍、苏、芳、若、英，因牛以草为主食，名字有草，代表粮食丰富，内心世界充实，一生不愁吃穿。

（2）有“辶”字样的字：已、导、配、西、兆、凰、秋、泽、巷、迈、凤、飞、建、鸾、鹤、雀、鸣、鸥、莺、鸽、鸿、鹃、巴、毛、翔，有“辶”字样的字其字形象似蛇；还有“酉”“鸟”“羽”的部首，因为“巳酉丑”为三合，即牛与蛇、鸡相称“三合”，互相帮助。

（3）有“宀”部首的字：家、守、安、宝、定、宾、宏、宜、宛、廉、庭、沈、婉等，代表牛在屋檐下休息。

（4）有“田”的字：甲、由、申、甸、男、界、备、思、留、富、畴、疆、苗、蕾，表示牛在田野吃草或耕田都适得其所，悠哉享受美食或勤劳耕田，尽其本分，任劳任怨。

（5）有“禾”“叔”“菽”“麦”“米”“豆”的字根：如秀、禾、秉、科、秦、程、种、禀、稻、谷、稷、稼、酥、颖、积、麦、米、梁、粲、豆，以上均为素食者喜好之主粮，肖牛者名字有以上诸字根，表示粮食丰盛，不愁吃穿。

（6）有“车”字形的字，如连、莲、运、轩、运、轮、轲、轻、轼、辉，意味牛拉车，有升格为马之意。牛拉车虽辛苦、劳累，但牛还是认命，不负所托，完成任务，受到主人的肯定，有能力、有担当的牛，有表现的机会。

2. 属牛人取名忌用的字

（1）避免用“心”字部首的字：心、志、忠、怡、恒、恩、惠、意、慧、怀等，因为“心”字代表心脏，主荤食也。牛不食荤，如果肖牛者名字有“心”“忄”旁者，便易有精神失落感，有肉却食不得。

（2）避免用“马”字部首的字：骏、骋、骥、腾、玛、冯、许、笃、骅、骆、午，因为“青牛遇白马，不战而逃”，盖“牛头不对马嘴”，“风马牛不相及”，牛与马相刑，即丑午相害。

（3）避免用“羊”字部首之字：善、群、祥、美，因为牛与羊为“对冲”，即丑与未对冲，容易有生离死别的迹象，以及不如意之事发生。

其实，名字只是一种代号。根据生肖来取名只是表达人们的美好寄托和愿望，并不能起到实质的作用。幸福是靠自己创造的，而不能由所谓的名字的好坏来决定，但是取名的传统中包含的长辈对孩子的爱和希望则是值得肯定的。

（二）生日借牛保平安

旧时认为男孩的命贵，有些人家因前几胎男婴都未成活，如再生男孩，先祭祖谢恩，然后抱着孩子坐在门外，为小儿洗脸，披红罩衣，接受亲友贺礼，如佩项圈，戴保命锁，上鼻拘，上耳坠。拘谐音驹，这是拴小牛的办法，是希望孩子像牛一样，可以牢牢地拴住，不再“跑掉”，以此祈求小儿长寿。据说上牛鼻拘后，不可随便取下，只能在新婚之夜由新娘取下，用红布包好，在枕下放三天，最后放在箱子内保存。也有的将其放在灶前的香炉灰内。鼻拘多以银条制成，也有用金制的，贫困之家用竹篾。如果是金银的则是凑百家之钱所购，满月前由一位热情亲友，到各家去凑份子，这是象征性的，以求吉利。

西北宁夏地区每逢生子，人们都要跳喜牛舞，又称保子舞。舞者共八人，四人扮牛，四人伴舞。主人以鞭炮、唢呐、锣鼓迎接舞队，称“请牛板”。扮牛者入院后，主人把孩子用红布包好，放在人扮的牛背上，表演者说吉语祝辞后，跳起牛舞，认为可保佑孩子平安成长。

广西恭城县汉族在小儿过生日时，由祖母、母亲煮四个鸡蛋，一碗素面，然后让过生日的儿童吃下，让他在家待一天，不能出门玩耍。当地人认为这种过生日是“牛嵬过桥”，所谓“嵬”，指过生日的小孩，“嵬”前加牛，是借牛之状，过桥则是过关煞，平安成长，像牛一样健壮地成长为大人。

一些少数民族的成年仪式规定要喝牛骨汤。如云南宁蒗、永胜等县的普米族，13岁时要举行成年礼。在火塘边，母亲或舅父主持仪式，先向祖先祷告、祭神，然后少男少女们脱长衫，分别改穿衣裤和衣裙。然后，给成年人喝牛骨汤，祝其健壮；给亲朋好友喝牛骨汤，以“帖骨至亲”，意为家族团结兴旺。

在各民族的庆寿活动中，也离不开牛。陕西留坝等地为老人过生日为“赶牛王会”。老牛一生辛勤劳作，为人类服务，就像为子孙操劳一生的老人。所以在老人过生日时就会有许多亲朋好友前来祝贺，热闹非凡。广东瑶族有用牛筋椅为老人祝寿的习俗。瑶族老人过生日尤其是六十寿诞时，长婿要到高山向阳坡砍青木和牛尾木作椅架，用深山中的野牛筋作筋条，并请木匠精心制作这张富有传统技艺的牛筋椅，作为祝寿之礼。这是因为牛筋干了以后坚硬不坏，一旦老人坐上，也能把牛筋的性质传给老人，使其健康、长寿。

（三）以牛促婚姻美满

聘礼是古代婚姻习俗中最重要的部分，在订婚和结婚时男方要付给女方聘礼，但因地域、民族的不同，聘礼的具体内容也不同。在游牧民和农耕民族中，常常离不开牛。

浙江汉族迎亲时，必备一头披红挂彩的牛，由新郎牵着走在迎亲队伍的前头，称为开路或引导，表示人生新的开始。据说牛是天神的化身，由牛开路可以冲走一切拦路之物，起到辟邪祛灾的作用。

浙闽赣交界地区畲族婚俗，如果两个送新娘的队伍在路上相遇，后走者要以牛开路，牛角扎红布，插红花，认为牛踏过的路是新开辟的路，对后走的新娘无害，有喜庆之意。

陕西澄城有句谚语："媳妇到门前，还得个老牛钱"，意思是说，结婚之前，男方付完了彩礼、席面钱后，娶媳妇当日，还少不了给这给那，要花掉一头老牛的价钱，否则新娘不上轿，所以男方家必须事先给女方家准备好这笔钱。这里姑娘的身价是以牛来作为参照的。

以牛为参照衡量姑娘的身价。在旧时西藏的珞巴族婚俗中也曾盛行。男子娶妻时要给女方父母七八头犏奶牛的婚嫁钱。门巴族男子入赘或女子出嫁，娶亲的一方都要向对方交纳一定的聘礼，通常是一头牛。迎亲当天把牛送过去，嫁方用以招待客人。傈僳族人、独龙族人订婚后，男方也要向女方家送一头黄牛和其他一些聘礼。

海南的黎族订婚时也要由男方付给礼金。礼金高低是女方在家庭中地位高低的标志。富家女子聘厚礼，一般是水牛二头及其他生活用具。普通家庭只能成单，水牛一头及其它生活用具不等。

有些地区把这种聘礼称为"奶钱"。黑河地区男方娶亲时要送给女方的母亲一头奶牛。鄂温克族订婚时送给女方家的奶钱是一头奶牛，以报答岳母对妻子的养育之恩。

有的地区离婚也要交一头牛。云南的布朗族离婚时发生财产纠纷时规定如果一方坚持离婚而另一方不愿意，坚持离婚的一方要赔偿对方一头牛或相当数量的钱财。

牛不但作为聘礼，同时也出现在婚礼的其他仪式中。贵州西北一带的苗家人在举行婚礼时有抢牛尾的婚姻风俗。男女订婚后，女方要喂养一头黄牛，待婚礼那天将牛牵到现场，用两根绳索绊住牛腿。然后由新娘一刀砍下牛尾，新郎会立刻上去和新娘抢夺牛尾，此时新娘的亲朋向前阻挡，保护牛尾，新郎则设法抢到牛尾。若能在女方父母到来之前夺得牛尾，便可立即成婚，否则婚姻告吹。当然男女双方相爱，新娘自然会放新郎一马，让新郎顺利抢到牛尾。

在人们心目中，牛尾代表吉祥和顺利，人们借此表达渴望一帆风顺的愿望。

牛奶是圣洁吉祥的象征。西藏、青海等地举行婚礼时，都要用牛奶接送新娘。新娘出门前，娘家人要把一碗牛奶泼洒在新娘周围，称为“白奶送”。到夫家门前，新郎的母亲也要提着一桶牛奶欢迎新娘。新娘用左手中指浸奶水，向天弹洒几点，表示感谢神灵后，由新郎给新娘献上哈达，方能迎新娘进门。

（四）葬礼中与牛相关的习俗

牛在民间是富贵的象征。古人认为，长者去世后葬于牛眠之地，富贵吉祥可以惠及后世子孙。

“砍牛”是布依族隆重的丧葬仪式。《贵州通志·土民志》载：“凡祭祀，贫者用牛一头，富者数头牛，亲戚族友，各携鸡酒致祭，绕牛而哭。祭毕，屠牛。”要砍的牛，或丧家自备，或女婿送来。在“砍牛”仪式上，女婿将牛拴在牛桩底部，女婿在念咒语后举刀砍牛。布依族是以“砍牛”来超度死者“上天”的。

哈尼族有在葬礼上哭牛粪的习俗。他们认为牛是财富的象征。红河地区的哈尼人去世后家人要向亲友报丧，亲友得携带猪、鸡、米、酒来祭，女婿须用牛来祭才显得隆重。墨江哈尼族葬俗中“碧约”人家中老者亡故办丧礼，必须宰牛，开吊时服丧男女要围跪在牛前痛哭，直至牛粪出来为止。如果牛粪不出，就哭着用手去揉按牛肚子，直到把牛粪挤出来。然后将牛粪装进竹篾盘内，捧入仓中存留，他们认为这是老人留给后代的财富。

流行于云南中部、丽江山区的纳西族在丧葬时有跳牦牛舞的风俗。老人死后，火化取骨，主人在院内燃起火堆，来客围在四周，跳丧葬舞。随后牵来一头牛，提起牛耳，将一碗牛奶灌进去。若牦牛扬蹄蹦跳，即为好兆；若不跳，就要另换一头再灌，然后捆住牛的四蹄，请父母双全的健壮男子宰牛。通常先取牛心，再剥皮分肉，将牛心、牛肉献于骨灰袋前，称“生祭”。肉煮熟后再祭一次，称为“熟祭”，祭毕埋骨入土。

苗族有椎牛送葬的习俗。有专门的椎牛场。通常选择在村外广场上，中间立一根彩花柱，高十米左右，上面披红挂绿，拴有神牛。椎牛以击鼓为号：第一次击鼓，巫师作法，口吞圣水向神牛喷淋，以驱除神牛身上的鬼怪和不洁之物。第二次击鼓，主人以及主人的舅舅要包上头帕，扎好绑腿，捆好腰带，手持弓箭，带领十几位青年，作为椎牛的“标手”，他们必须画面，文身，袒胸露背，提着长矛。在第三次击鼓后，主人的舅舅首先刺牛，其他青年也依次刺牛，不让牛血溅地，牛倒地之后，进行牛卜。牛头向主人家方向为吉兆。椎牛是苗族人对已故亲长的供奉，是对祖先的怀念。

（五）肖牛禁忌示尊崇

图腾与禁忌是相关联的，人们尊牛为图腾，同时也伴随着对牛的禁忌。许多以牛为图腾的民族都视牛为神圣不可侵犯之神物，他们存在许多禁止杀牛、禁止食牛肉、禁止打骂牛等禁忌。

随着社会的发展进步，牛作为图腾的观念日益淡化，牛崇拜已经成为一种潜在的文化现象渗透到各族人们的灵魂中，作为人们慰藉精神的方式、幸福安宁的保障、荣誉的标榜和财富的象征而存在。

六、与人同乐——与牛相关的娱乐活动

斗牛的历史可以追溯到旧石器时代的狩猎生活。人们与牛斗争从而攫取生活资料。随着农、牧业生产经济的出现，猎牛日趋减少，但是人类与牛的联系有增无减，如饲养、牧放、役使、椎牛等，人类也把往昔的捕牛或斗牛技艺搬到生活中来，形成了惊险生动的斗牛娱乐。

（一）我国古代的戏牛活动

我国古代的斗牛起源于狩猎活动。野牛是凶猛的野兽之一，人类对付野牛的办法多种多样，有的用地弩涂毒射杀，有的用陷阱或木城活捉，也有的群起而攻之，有的握角，有的操牛，有的搬肩，有的则对准其要害部位，如咽喉、肛门，甚至生殖器，以利矛刺杀之，往往百发百中，置野牛于死地。我国古代斗牛人被称为象人。象人斗牛，基本再现了猎人在山间同野牛格斗的种种表演。

在山东、河南所发现的汉画像石上就有不少人与牛斗的形象。斗牛人都是佩戴面具，披兽皮、象皮，故曰象人斗牛。方法是由斗牛人逗引公牛来应战，然后斗牛者把公牛制服。在我国许多少数民族地区仍还保留着这种斗牛方法。

（二）各民族与牛同乐活动

斗牛是一项激烈而又危险的活动，但仍频受一些民族的喜爱。汉族地区以浙江为盛，而少数民族地区斗牛习俗的盛行则远远超出汉族地区。

金华斗牛，源远流长，积习相沿，经久不衰，是带有东方文明独特魅力的民间游乐活动。其风情可与西班牙斗牛相媲美，被称为“东方一绝”。金华斗牛是牛与牛斗，不同于西班牙的人与牛斗，被誉为“东方文明斗牛”。斗牛当日，参斗之牛佩以勇士之饰，由其主人护送进入斗牛场，鞭炮齐鸣，观者欢声雀跃。两牛夹尾低头，四角相接，奋力争斗，场边观者则呐喊助威，呼声雷动，其场面之惊险、壮观，令人赞叹。败退之牛将被主人贬为耕牛甚至宰杀，而胜者则身价百倍，威风一时。

斗牛节是侗族同胞的传统节日。侗家喜欢斗牛，村村寨寨都饲养着善斗的“水牛王”。“斗牛节”是在每年农历的二月或八月里逢“亥”的日子里举行。节前，各自约好对手，做好斗牛的准备。

斗牛前，由德高望重的寨老读《斗牛词》，宣布斗牛规矩。然后“牛王”在锣鼓和芦笙的乐器声中进入斗牛场。这时一支支队伍，手持金瓜、月斧，举着各种旗帜，前呼后拥，绕场三周，算是“入场式”，也叫“踩场”。接着，各队牵着自己的“牛王”，举着火把，严阵以待。铁炮一响，他们便将火把往前一抛，参斗的两头牛从两端四蹄腾空，冲了上去，斗作一团，难解难分。场外人群呐喊助威，气氛紧张热烈，十分壮观。如果两头“牛王”久斗不分胜负，人们就用大绳拴住两头牛的角，像拔河一样往后拉，解除它们的搏斗，算是平局。如果一方输了，他们的彩旗就会被对方的姑娘们全部夺去。他们需要通过赎旗礼和对歌的方式才能赎回。得胜的“牛王”被披上红布，以示祝贺。侗家人认为斗牛活动能培养人们不畏艰险，勇往直前的斗争精神。

苗族的斗牛历史悠久，据说从三国时代起就有相关的文献记载。苗族人民爱斗牛，一般在春冬两季的亥日进行。斗牛场一般设在两山之间的开阔处，周围插上许多竹竿，竹竿上挂满五颜六色的鸡毛。斗牛由有斗牛经验的人牵着在斗牛场内环绕一大圈或一小圈，使牛亮相，让牛熟悉环境和对方。三声炮响吹笙击鼓助威，将两牛头相对，牛身对立，四蹄腾空，相对冲击，两边主客人都在为自家的牛喝彩助威。最后斗胜的牛王被牵着绕场亮相，人们给牛王披红挂彩，鸣放鞭炮，以示祝贺。牛主人更是格外光彩。

回族也有掼牛的传统项目。这是牛与人的竞技。比赛时把一头壮黄牛牵进赛场，勇敢、机智、彪悍的小伙子开始挑逗黄牛，用鞭抽打，使它发怒。黄牛红眼冲来，勇猛的斗牛者挺身迎上，两手紧紧抓住牛角用力拼命扭转牛头，经过一番搏斗最终将牛摔倒在地。观众则载歌载舞祝贺斗牛勇士的胜利。

藏族每逢藏历新年或其他重大节日都要举行赛牦牛这一传统体育项目。通常是由经验丰富的牧民驾驭性情暴躁的牦牛进行赛跑比赛。比赛时，牧民骑手在起跑线准备，发令后即驭牦牛疾奔，以先到终点者为胜，获胜者将受到观众的热烈祝贺并受酒肉奖赏。

斗牛是对远古猎牛的回忆。通过斗牛活动，锻炼了人们的勇敢、智慧和大胆向前的精神，正因为如此，斗牛才为广大人民所喜爱，在历史上有旺盛的生命力，并长期地保存下来。

（三）国外斗牛节

西班牙斗牛

斗牛是西班牙的国粹，享誉全球。西班牙的斗牛历史可追溯到两千多年前，这一竞技运动一直被认为是勇敢善战的象征，斗牛士被视为英勇无畏的男子汉，备受国人的敬仰与崇拜。

整个斗牛过程包括引逗、长矛穿刺、上花镖及正式斗杀四个部分。引逗是整个表演的开锣戏，三个斗牛士助手负责引逗牛全场飞奔，消耗其最初的锐气，几个回合过去，骑马带甲的长矛手出场，他们用长矛头刺扎牛背颈部，将其血管刺破，进行放血。长矛手完成任务后，花镖手手执前端带有金属利钩的花镖，引逗公牛向自己发起冲击并迅速将花镖刺入牛背颈部。由于做出瞄准、前冲、刺入的时间很短，且需判断牛的冲势，因此，需要其动作干净利落。

最后手持利剑和红布的主斗牛士上场，开始表演一些显示功力的引逗及闪躲动作，如胸部闪躲，即让牛直线冲向自己时，腿一侧滑，牛贴身冲过；另外还有如“贝罗尼卡”，即以红布甩向牛的面部，以激怒引逗公牛。贝罗尼卡原是耶稣受难时为其拂面的圣女之名，因其动作的相似性，所以命名。

在场上斗牛士面对发疯的猛牛不慌不忙提着斗篷做优美的躲闪

动作，猛牛的利角擦着斗牛士的衣角而过。这生死之际的优美一闪，让观众如痴如醉。

但斗牛也是一项很危险的运动，许多人认为此项运动十分血腥而不人道。西班牙国内对斗牛活动一直争论不休。许多西班牙人酷爱这一运动，将其视为一种古老的艺术表现形式，它一直吸引着艺术家、作家和大批观众。但是，包括保护动物权益活动人士在内的其他人则认为，这一传统是过时的血腥运动，与现代社会格格不入。

印度斗牛

每年1月份，印度南部的一些村庄都要举行激动人心的斗牛运动，已经成为当地的狂欢节日。每年都有来自不同地方的500多头公牛被带到一起，在淋浴后用珠子、铃铛、花环等装饰它们，在一块很大的空地上让牛和勇士们“决斗”。

与西方斗牛不同的是，这种东方式的斗牛并不是为了伤害牛，而是要抢夺系在牛犄角上的布袋，那里面装的就是对他们的奖励。所以，年轻人通常非常愿意冒着受伤的危险去夺取奖品，以表现自己的勇敢。

当两只公牛在开阔的地带彼此攻击和抵撞的时候，人们唯一的参与活动是击打和诱骗它们，这种血腥的抵撞能够持续四个小时，直到其中的一头牛在失败中摇摇晃晃地离去。

韩国斗牛

韩国的斗牛士与身躯庞大的赛牛斗智斗勇的场面紧张激烈，常令观众兴奋不已。比赛过程中，一个斗牛士水平的高低不但要看他挑逗公牛的技术，而且要看他是否有一剑杀死公牛的本领。凡是能一剑结束公牛性命的，主持人会当众宣布褒奖斗牛士牛耳一只，如果他的挑逗动作一直出色，还会另奖给他牛尾一条。

韩国的斗牛活动可以追溯到农耕时代牧童作为休闲娱乐而进行

的斗牛活动，后来又发展成为一个部落或民族显示势力的手段。韩国历史悠久的斗牛赛体现了民族的团结精神。

七、肖牛的性格与才能说

属相是中国传统的纪年方法，是一定年份的代号，本身没有什么特殊的含义。然而现代新的生命科学研究却表明，生命中存在着某种规律，年代属性未必不是生命周期规律性的反映，历史常有惊人的循环往复。由于生肖文化的包容性和影响性，人们对于生肖的理解也往往是仁者见仁，智者见智。

（一）肖牛属相与才能

牛象征着通过艰苦努力获得成功。属牛人常常是一个耐心的、不知倦怠的工作者，不适合走捷径。这一年出生的人靠得住、安静、有很强的道德观和尊严，从不愿意凭借不合法的手段达到自己的目的。属牛人愿意自力更生，不愿求别人帮忙，以致别人不得不恳求属牛人接受别人的帮助。

1. 属牛人的工作才能

属牛人稳重并靠得住，会得到领导的信任。同时，属牛人也具有天生的领导才能，很会用纪律约束人，且过于严厉。多数属牛人是靠个人奋斗而获得成功的人。缺点在于十分循规蹈矩，琐屑较量，不易接近。属牛人虽然墨守成规，但廉洁公正，善于倾听。属牛人显得固执，有时甚至很偏执。所以属牛人不圆滑，不懂得关心别人，这使属牛人不适合从事公共关系、外交和精细的工作。属牛人的老实、不做作和有原则性，很受人尊敬、爱戴。属牛人使所有下属变得很忠诚，没有属牛人干不了的事。

尽管属牛人基本上属于内向型人，但强有力的本性使属牛的人在机会来临之时会变成一个威严、雄辩的演说家。在混乱时刻，属牛人那临危不惧、不怕恫吓的品质和天生的自信心会使一切恢复秩序。不过仍然应该时刻提醒自己小心谨慎，不要被胜利冲昏头脑。

2．属牛人的执着与禁忌

除了以上优秀品质外，属牛人的不满情绪是慢慢产生的。属牛人记忆力长久、精确，假如受到别人伤害，则会记住其中的每一个细节。面对逆境，他会以努力工作来减轻痛苦和紧张。假如是在爱情上失败，将会永远埋头工作，并以单身生活来拒绝再次到来的“危险”。

属牛人把家庭生活、工作和国家利益等都联系在一起。由于生性严厉，属牛人不善赌博，这些因素使属牛人的安全受到威胁。冒险的事情会使属牛人烦恼不安。属牛人对生活持唯物主义观点。对家庭成员的要求很高，总是用成功的标准和取得的成绩来衡量他们对家庭的爱。固然属牛人不易为感情所动，但还是一个能为家庭康乐做出很大牺牲的人，在关键问题上属牛人是坚持原则的。

属牛人讲信用，一言既出，驷马难追。他会全身心地完成所做的工作，并厌恶半途而废。属牛人有神奇的忍耐力，然而一旦属牛人发起脾气来，将会有可怕的事情发生，确实需要认真对待。这时属牛人会失去理智，会像一头公牛一样攻击挡路的每一个人。这时如果给属牛人以思考的时间，让他慢慢冷静下来，他会重新思考自己的做法，适时调整自己，以便获得成功。当然，除非确实感到没有办法忍受，否则属牛人是不会大动干戈的。

白天出生的牛比夜晚出生的牛更积极好斗。冬天出生的牛比夏天出生的牛生活更艰难。下面摘录牛年生人的性情。

乙丑年生：海内之牛（五行属金，1925年生）

为人慷慨，喜爱春风，见事多学少成，九流中人，夫妻无刑，儿女不孤，六亲少靠，女人贤良，纯和之命。

丁丑年生：湖内之牛（五行属水，1937年生）

为人和睦，衣禄不少，初年有财禄常在，晚景有剩骨肉。夫妻和顺，女人旺夫，持家贤良。

己丑年生：栏内之牛（五行属火，1949年生）

为人心直口快，通文有才，衣禄不少，男女有再嫁花烛重明之嫌。后来夫妻和睦，百首偕老，晚年发福。

辛丑年生：路途之牛（五行属土，1961年生）

为人心性温和，初有惊恐之厄，虽有衣禄财帛，进退骨肉少力，晚景福寿延长。女常喜外财，旺相之命。

癸丑年生：圈内之牛（五行属木，1973年生）

为人衣禄不少，财帛早年不需，一生尊重，不滋是非。父母难为，骨肉少靠，夫妻和顺，儿女见迟，早年过房亡命。

（二）属牛人的婚姻与家庭说

牛虽然外表平和，却有一颗热烈的心，内心世界极为丰富。别看牛牛们平时做事总是一副慢吞吞的样子，凡事都有很好的耐性，其实，他们只不过是把热烈的本性埋藏在心灵的深处罢了。但是，他们的亲友大多不了解牛牛们。

1. 属牛女性的婚姻与家庭

牛年生人的女性冷静、温和、谨慎、忍耐，性格很好。一旦喜欢对方，就会全心全意去爱，就算遇到另外一位条件更好的异性，也不会因此变心。但是属牛的女性朋友和恋人在一起时，时不时地牛劲上来后，会发一些“牛脾气”。不过一旦成家后，对自己的心上人则有一颗温柔的心。

如有人有好运气，与一位属牛的女士结婚，那么他肯定会感觉找到了一个一本正经的姑娘。她整洁、守时，在婚后的生活中不会让丈夫没有干净的衬衫，不会让丈夫穿带洞的袜子，也不会让全家吃烧焦的饭菜——她将是一个理想的妻子。他们的开支是平衡的，也从来不会超支。她做的事情要比应做的多得多。

当然婚后的感情波折是免不了的。属牛的女性朋友因为爱很专一，有时会表现为极强的忌妒心和独占欲。虽然会很爱自己的丈夫，却因为自己的忌妒心演变成自私和任性，使对方无法适应，甚至想要逃避，这点是属牛女性需要注意的。风雨过后是彩虹，所以她们坚信爱之深，爱更真！没有什么可以把两个人分开。

2. 属牛男性的婚姻与家庭

由于属牛人是传统主义者，虽然有丰富的内心世界，有一颗热烈的心，可惜往往是不解风情，偶尔遇见一位较为喜欢的人，却没有主动去接近。所以属牛的男性和女性之间求婚过程一定会很长。

平时属牛的男子可能是一个非常有秩序、有气量的先生，但当他向漂亮的女友求爱时，就会变得笨手笨脚、笨嘴拙舌，尤显可爱。然而假如能同属牛人结婚并完全信任他，他将会永远不使妻子失望，忠实地伴其一生，并对妻子、儿女都很好，一下班便会立即回家做家务，享受天伦之乐。妻子不必为付房租和支付账单而担心。属牛男人虽不会使妻子宝石成堆，皮裘成箱，但他会尽力把生活安排得很舒适，做属牛人的妻子可以说是有福了。

本书介绍了一些生肖牛的民俗，它是一个民族的一种文化，像中国春节的贴春联、放烟花，并不能说它是封建迷信，但这些民俗在历史的长河中，经过几千年的添加，其中也不泛夹杂了一些封建的东西。我们经过多稿筛选，删去了许多拿不准的东西，把保留部分介绍给大家。尽管如此，也难免存在问题和不足，请读者朋友在阅读中规避，也就是一种消闲吧。

北京园明园中生肖牛塑像

第四章　肖牛文化

远古的牛崇拜意识已经深深地扎根在人们心里，对牛的喜爱之情不但渗透在民风民俗中，更在文人雅士的笔下变得丰富多彩，形成表情达意的语言形式，成为牛生肖文化中一笔宝贵的财富。

一、说文解牛

“牛”是个象形字，《说文解字》：“牛，大牲也。牛，件也。件，事理也。”从甲骨文到小篆，“牛”都是一个重要的字形。

甲骨文牛

金文牛

金文大篆牛

小篆牛

早期的牛字是牛头的具形突出了牛角、牛耳的特征。而将图形瘦化，遂成甲骨卜辞中的牛字，寥寥数笔，虽字亦画：两角上弯，两耳斜出。金文牛字，有的同甲文，只是笔画稍粗；有的把两耳变成一横。秦始皇统一文字后，小篆牛字仍保留有象形的成分。

《说文解字》按照字的结构类型特征将汉字分成540部，牛部的汉字就有300多个，大都与牛及其动作行为或别的动物有关。如“牢”，上半部分是养牲畜的圈，下半部分是牛进出的门以及通道。

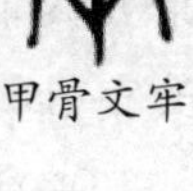
甲骨文牢

古代放牧牛、羊群于山野之中，傍晚赶回围栏内以防牛羊跑掉。后来引申为牢狱、牢记等，意为将犯人关进监狱中使其难以逃脱、将人事物记在心底不忘记等。

有意思的是，有的字早期从“牛”，后来又不从“牛”。如“侵”，甲骨文是手持笤帚给牛扫土（牛头上的三个点，表示扫下来的尘土），是个会意字。金文中“牛”被一个面朝右的人所取代，小篆则把人移到左边。

牛对中国人的影响并不仅仅表现在生产、习俗方面，更体现在对中华民族内在精神的塑造上。以牛为标，化牛入性，形成了中国特有的牛文化及勤劳奉献的民族个性。

牛崇拜意识长期积淀在人们心中，受牛文化的影响，民间还产生了许多与牛有关的成语、传说等。

二、牛姓来历

牛是中国的一大姓氏，以牛为姓，反映了人们对牛的崇拜心理。在古代，牛被尊为图腾，牛姓的最早来源也是牛的图腾崇拜。

（一）牛姓起源

姓氏是随着人类社会的产生发展而产生和发展的。姓源于母系氏族社会，氏则源于父系氏族社会。牛姓来源有四：

出自子姓，是商汤的后裔。据《通志·氏族略》《元和姓纂》及《唐书·世系表》所载，周武王封微子（纣王庶兄）于宋，以奉汤王之祀，微子之裔宋司寇牛父之后，以王父字为氏。

寮姓改为牛姓。据《隋书》及《路史》所载，隋代牛弘，其父寮允为北魏时侍中，赐姓牛（一说三国魏大将军牛金之后，为避难改寮姓，至寮允赐复本姓）。

形成于民间。农家与牛为伴，终日不离，有的就以牛为姓。

他族改姓而来。明清时云南丽江府的石鼓、中江等地总有牛姓，为纳西族；清满洲牛姓人，祖居沈阳，归镶黄旗包衣管领；今满、藏、土家、蒙古、东乡、回、朝鲜、彝等民族均有牛姓。

牛姓始微子

长期以来，不少牛氏族人中，都流传着这样一种传说：牛姓始自微子启。不仅在口头上流传，而且载之家谱，代代相传。这种传说寄托着人们对微子的无限崇敬之情。

据《史记·宋微子世家第八》和《尚书·微子篇》记载，微子系商纣王庶兄（二人为同父同母所生，但微子为兄，其生时父帝乙尚未继承王位，母仍处于妾的地位，故称庶兄。及至纣生时，父已为王，母亦为正妃）。纣自幼能说会道，及长则体格健壮，深得父王喜爱，得以继承王位，成为第三十一位商王，微子启则成为他的卿士，共同维护商王朝政权。但纣王荒淫无道，民不聊生，微子启多次苦劝却无济于事，一片忠心报国无门。史载，其时微子启“欲死之，及去，未能自决”，遂求教朝中三公之一的父师箕子，最终听取了箕子“今诚得治国，国治身死不恨。为死，终不得治，不如去”的忠告，愤而他奔。

据清康熙四十二年河南济源南官庄《牛氏家谱》“族谱旧序”载：微子启“去之时，举目过午，以午字出头，因以为姓”。清道光元年（1821）河南鄢陵县牛集《牛氏谱序》载：“殷微子封于宋，去之日曰：为人不可无姓，时日当正午，即以‘午’字出头‘牛’字为姓，此牛氏命姓之本源也。”山东省新泰市东牛家庄牛氏祖林谱碑中也有“牛氏先世出自（殷）微子”的记载。需要说明的是，以“王父字为氏”和周代的宗法有关。周制规定，凡诸侯之子称公子，公子之子称公孙，公孙之子不可再称公孙，不得上系诸侯，须另立一新氏。立氏则追溯祖宗，一般以其祖父的字（或名）为氏，这就是“以王父字为氏”的主要原因。这种“子孙连名制”自然有世代源远流长的深刻含义。众多《牛氏家谱》相关史料及历史传说均对牛姓起源做了与此一致的记载，并把微子作为牛姓始祖。

尞姓改牛姓

历史上，牛姓部分人曾一度为避难而改姓尞（一说辽）近300年，而由皇帝赠姓恢复牛姓（《隋书》），也有不少旁姓开明之士以牛姓为荣而自愿改姓牛氏。同时，回、藏、满、纳西、蒙古、土家、白、东乡、朝鲜和彝等兄弟民族中也有牛姓。尽管如此，以宋微子为始祖，牛父为得姓祖的牛氏始终为中华牛氏的主体，且支脉清晰，源远流长。

（二）牛氏世系

牛姓是中国十大古姓之一。牛姓远祖，可一直追溯到中华人文始祖——黄帝。黄帝生玄嚣，玄嚣生极，极生帝喾。帝喾即为中国历史上有名的“五帝”之一，称高辛氏。高辛氏子曰：后稷、契、尧、挚，尧禅位于舜，舜禅位于禹，禹则传位于其子启。禹为中国原始社会向奴隶社会过渡的承上启下的关键人物，其生存年代约在公元前22世纪末至21世纪初。

尧的生存年代约在公元前23世纪，兄契在舜帝时，因辅佐大禹治水有功，被任命为司徒，管理臣民，封于商，赐姓子氏，其14世孙成汤，率天下诸侯打败了荒淫无道的夏代最后一个君主桀，从而建立了商朝。商历31帝，671年，商纣王时灭亡。

据《史记》记载，商纣王无道，周武王（姬发）率众诸侯“誓于牧野”，一举推翻了其统治而建立了周朝。周朝建立后，武王四处寻贤，把众口皆碑且因反对商纣王而出逃在外的纣王庶兄微子请回封于宋（今河南商丘），“以奉商祀”。宋即周朝的诸侯国之一，宋微子亦即宋国开国君主，后亦成为中华牛姓始祖。

微子之后有牛父，官任宋国司寇（掌管刑狱）。宋武公时，游牧民族西戎狄人屡次犯宋，牛父曾率军败敌于长丘。后在一次作战中不幸殉国。因其为国而死，后世子孙即以其字为氏，称牛姓。他们尊牛父为牛姓的得姓始祖。

据郑樵《通志·氏族略》载，以王父字为氏系周代宗法制度所定。同时，宋微子之后当中，除牛姓外，以王父“字”为氏的还有孔、乐、边、鱼、皇甫等13姓，以王父“名”为氏的还有微、仇、求、获等15姓，他们都同牛姓有着一定的血缘关系。

黄帝为中华牛氏的远祖，微子启为牛氏的起始祖，牛父为牛氏的得姓祖，牛川即为打锅牛（锅碴牛）的总启世祖。

如果从遗传学的角度研究姓氏，源流单纯的牛氏是许多其他姓氏无法比拟的。如今五湖四海的牛姓子孙，既是卫国精英之裔，又是远古帝王之后，和黄帝血脉相连，是炎黄子孙这个伟大家族中的重要组成部分。作为牛氏子孙，应当以此引以为豪，进而激发自身更加敬宗而睦族，为民族、为国家、为社会做出更大的贡献。

（三）牛姓的繁衍迁播

牛姓在春秋时发祥于今河南商丘，公元前286年，即战国后期，宋被齐、楚、魏三国瓜分，子孙散亡各地。

魏晋南北朝时期，军阀纷争，夷族入侵，导致社会动荡，民不聊生，有中原一带之牛姓徙居江南，但人数不多。虽陇西之牛姓与他族毗邻，但远离中原是非之地，故所受波及不大，反而人丁兴旺，繁衍昌盛起来，并形成牛姓历史上最重要的郡望——陇西郡。

隋唐之际，陇西之牛姓更胜，可谓名人辈出，高官不断，如大雅君子牛弘，及其裔孙后任唐相的牛僧孺，以及牛僧孺之孙、词人牛峤，还有牛峤之侄牛希济，皆有名于当世，并名垂青史，此际陇西名人尚有在唐为相的牛仙客等。唐末至五代，再一次使中原百姓陷入兵荒马乱的困境，时陕甘之牛姓有南迁四川，东越黄河进入山西者，而中原之牛姓则播迁于江苏、浙江、安徽等地。宋元之际，山西的牛姓开始昌盛起来。明初，山西牛姓作为明朝洪洞大槐树迁民姓氏之一，被分迁于河南、安徽、山东、河北、东北三省等地。清代，有山西牛姓走西口到内蒙古、河南牛姓闯关东到东北，此际牛姓已广布全国各地，并有渡海赴台，远徙海外者。

牛姓是当今中国姓氏排行第一百一十三位的姓氏，人口较多，约占全国汉族人口的0.14%。

（四）牛姓字辈谱

一个家族，随着时间的前进，不断发展壮大，到一定时候可能枝大叶茂，甚至居住八方，星罗棋布，但有了世系的详细记载，纵然天涯海角，甚至代远宗长，血缘关系也不会乱。

在所有的家谱中，内容不管如何简略，但字辈谱一定会有。字辈谱也称行辈字、排行、派语、派行诗等。它是用来表明世系的用字，也是为子孙起名时定下的辈序用字。这个字一般放在三字名的中间。

字辈谱用字是非常讲究的。一般是先辈人经过精心研究、共同讨论，才最后确定，勒石以志。字辈谱一般都有用意。有些谱简直就是一首诗，寓意丰富。如牛弘后裔河南济源市西许村“牛氏家谱”（俗称天官牛）载：从37世起，字辈谱如下：

青芝龙源林萃田丰

正恒怀宗慧泽栋英

前句述祖荫，祖上择福地而物华天宝，树榜样而人杰地灵。后句是教子孙，要健身洁心，缅怀宗训，以大智大睿润泽东方，成为国家的栋梁英才。

（五）牛氏历史典故

射牛不问　隋吏部尚书牛弘，不但学术精湛，位高权重，而且性格温和，宽厚恭俭。他有个弟弟叫牛弼，喜欢喝酒，而且常常喝醉。有一次喝醉后，射死了给牛弘驾车的牛。牛弘回家时，其妻就迎上去给他说："小叔子把牛射杀死了！"可牛弘连想也不想，随口就说"正好可以做成牛肉干"。待牛弘坐定后，其妻又提此事说："小叔子把牛射杀死了！"显得非常着急，认为是件大事，不料牛弘随口又说："已经知道了。"他若无其事，继续读自己的书。其妻只好不再说什么。这就是有名的"射牛不问"的故事。明代著名作家冯梦龙评点此事说：冷然一句话扫却了妇道人家将来多少唇舌。想与父母兄弟和睦相处的人，值得效法。

牛继马后 《晋书·元帝纪》记载了这个故事。魏晋之际，封建地主阶段的上层人物大都迷信，谶言神学依然盛行。当时有本书叫《玄石图》，上边有句谶言："牛继马后"。用权术杀死曹爽掌握了曹魏政权的司马懿，生怕别人故技重演，对这句谶言特别害怕，他下决心要除掉"继马"之后的"牛"，不让谶言应验。他想当时有资格和他争权而姓牛的人，只有后军将军牛金。牛金跟随司马懿南征北战，骁勇异常，战功卓著，而且在军中有威望，有号召力，是威胁自己政权的危险人物，于是用"鸳鸯壶"装以毒酒，鸩杀了大将牛金。

"内忌而外宽，猜忌多权变"的司马懿，杀了牛金之后，以为"牛继马后"再也不会应验了，可历史却给他开了一个大大的玩笑。

司马懿死后，其长子司马师、次子司马昭先后把持着曹魏政权，到公元265年，他的孙子司马炎干脆篡魏自立，建立了西晋王朝，成了晋武帝。他封自己的兄弟司马觐为琅琊恭王。司马觐娶个妃子叫夏侯光姬。夏侯光姬在宫中寂寞难耐，竟与府中一个姓牛的小吏私通，生下了一个男孩。这个男孩在西晋末年天下大乱中，竟登上了皇帝宝座，这就是东晋开国皇帝司马睿。东晋一共五代皇帝，实际都是牛姓子孙。“牛继马后”因偶然因素的出现，终于应验，成了历史事实。

跑马成堤　“为官一任，造福一方。”老百姓不会忘记“为民造福”的任何一个人。

河南省获嘉县亢村镇至今还流传着一则牛状元“跑马成堤”的故事。牛状元指的是清代武状元牛凤山。据说，牛状元任职期间，常常深入民间，明察暗访办实事。有一年他来到亢村镇，了解到牛屯一带长年遭受水灾之苦，便骑马沿牛屯南一路向东查看，后来令群众在西起黄河古堤，经村南向东修建了一道防水堤，从此牛屯一带再也没有遭过水灾。人们感谢牛状元，常常念叨他，代代相传，越传越神，结果就神化了，干脆说成是“牛状元跑马成堤”，至今牛屯村南还有堤的遗址。

申牛不分　相传“十八打锅牛”当初被迫离散打锅时，有个已经嫁到申家的小妹，正好在娘家，听说哥哥每人拿了一块锅片，作为日后相聚的凭证，她就哭着说：“以后我回娘家怎么办?”非要拿一块锅片不可，哥哥们看她哭得伤心，就让她也分去一块锅片，作为日后回娘家的信物。

可惜后来对锅时，她已先亡，所以此锅片未到，弟兄们分外惋惜，对申家格外亲，对外甥关照有加，因此常有“申牛不分”“申牛一家亲”之说。

三、肖牛的故事传说

牛与人们相依为命，久而久之，人们对牛的话题也就越来越多，关于牛的故事也越来越丰富，其中最具影响力的就是牛郎织女的传说。

牛郎织女是一个很美丽的千古流传的爱情故事，是我国四大民间爱情传说之一。这个传说和七夕节相连，七夕坐看牵牛织女星，是民间的习俗。相传，在每年的这个夜晚，是天上织女与牛郎在天河鹊桥相会之时，这是中国传统节日中最具浪漫色彩的一个节日。

（一）牛郎织女故事的由来

牛郎织女的传说，来源于很古老的神话故事，也来源于两个星辰。牛郎星属天鹰星座，织女星属天琴星座。

在民间传说中，织女是天帝的孙女，她有六个姐姐，共为七姐妹，天上有一组七星，就是七姊妹的象征。七姐妹住在银河东岸，她们以一种特殊的丝线，织成美妙的云彩，随着时间、季节的变化，这些云彩也改变颜色，号称“天衣”，也就是给天穿的彩衣。银河比较浅，清澈见底。在河西岸就是人间了，那里住着一个牛郎，他的双亲早亡，哥嫂对他不好，让牛郎分家单过，只给他一头老牛。但是牛郎依靠自己的力量，在老牛的帮助下，披荆斩棘，耕田种地，很快建立了自己的家园，不过一个人过日子十分寂寞。有一天老牛突然开口说话了，说七姐妹要下银河，在温水泉洗澡，牛郎可趁机把织女的衣服藏起来，让她答应当牛郎的妻子。牛郎按老牛的说法，藏起织女的衣服。当六个姐妹穿衣归去之后，织女却回不了天上，在她急得没有办法的时候，牛郎说话了，他说我可以把衣服还给你，但你要做我的妻子，织女一是无可奈何，二是也想尝试一下过人间生活的感受，于是答应与牛郎结婚，从此二人成了真正的夫妻。

婚后，二人男耕女织，相亲相爱，生活十分美满，还生了一儿一女，但是他们的婚事被天帝和王母知道了，派天神把织女捉回天庭问罪，牛郎带着儿女追赶，到了银河才发现，这条河已被搬到天山，天帝分界，仙凡异路，从此牛郎与织女被银河隔开了。牛郎只好带着孩子们在人间生活。有一天，老牛出了一个好主意说：“我快死了，死后把我的皮剥下来，你穿在身上，能够上天，与织女相见。”说毕，老牛就死了。牛郎就按老牛的办法做了，披着牛皮，挑着孩子，上了天界寻妻。正当牛郎与织女要相见时，被王母娘娘发现了，她拔下头上的金簪，沿着银河一划，清澈的银河一下子变成了波涛翻滚的天河，牛郎与织女只能隔河相望。

牛郎并没有灰心，为了坚贞的爱情，为了给孩子寻找母爱，牛郎以木瓢舀天河之水，牛郎舀累了，由子女舀，子女舀累了，再由牛郎舀，就这样日复一日，年复一年，一直在舀天河的水，牛郎的行动感动了天帝和王母，允许他们每年七月七日晚上相会。由喜鹊搭桥，二人在鹊桥上相见。

因为牛是农家宝，农民热爱耕牛，甚至还在耕牛身上寄托着自己的生活理想，当生活的理想遭到阻碍时，农民容易产生求助于牛的幻想，希望牛发挥神奇的力量，帮助自己渡过难关。因而牛在故事中发挥了重大的作用。

（二）七夕节及七夕习俗

每年农历七月初七这一天是我国汉族的七夕节，又称“乞巧节”或“少女节”“女儿节”。现在也有人称它是中国的情人节。

七夕坐看牵牛织女星，是民间的习俗。传说在七夕的夜晚，抬头可以看到牛郎织女在银河相会，或在瓜果架下可偷听到两人在天上相会时的脉脉情话。女孩们在这个充满浪漫气息的晚上，对着天空的朗朗明月，摆上时令瓜果，朝天祭拜，乞求天上的仙女能赋予她们聪慧的心灵和灵巧的双手，让自己的针织技法娴熟，更乞求爱情婚姻的姻缘巧配。

1．七夕习俗之穿针乞巧

这是最早的乞巧方式，始于汉，流于后世。《西京杂记》说：“汉彩女常以七月七日穿七孔针于开襟楼，人具习之。”五代王仁裕《开元天宝遗事》说：“七夕，宫中以锦结成楼殿，高百尺，上可以胜数十人，陈以瓜果酒炙，设坐具，以祀牛女二星，妃嫔各以九孔针五色线向月穿之，过者为得巧之侯。动清商之曲，宴乐达旦。土民之家皆效之。”元陶宗仪《元氏掖庭录》说：“九引台，七夕乞巧之所。至夕，宫女登台以五彩丝穿九尾针，先完者为得巧，迟完者谓之输巧，各出资以赠得。”

2. 喜蛛应巧

这也是较早的一种乞巧方式，大致起于南北朝之时。

五代王仁裕《开元天宝遗事》说：“七月七日，各捉蜘蛛于小盒中，至晓开；视蛛网稀密以为得巧之侯。密者言巧多，稀者言巧少。民间亦效之。”明田汝成《熙朝乐事》说，七夕“以小盒盛蜘蛛，次早观其结网疏密以为得巧多寡。”历代验巧之法不同，南北朝视网之有无、唐视网之稀密，宋视网之圆正，后世多遵唐俗。

3. 投针验巧

这是七夕穿针乞巧风俗的变体，源于穿针，又不同于穿针，是明清两代盛行的七夕节俗。清于敏中《日下旧闻考》引《宛署杂记》说：“燕都女子七月七日以碗水暴日下，各自投小针浮之水面，徐视水底日影。或散如花，动如云，细如线，粗租如锥，因以卜女之巧。”

（三）牛魔王大战孙悟空

牛魔王是中国古典小说《西游记》中的人物，主要出现在火焰山的故事中。在书中一开始称他为大力王，又自号平天大圣（为七大圣之首）。在原著中，牛魔王“头上戴一顶水磨银亮熟铁盔，身上贯一副绒穿锦绣黄金甲，足下踏一双卷尖粉底麂皮靴，腰间束一条攒丝三股狮蛮带。一双眼光如明镜，两道眉艳似红霓。口若血盆，齿排铜板。吼声响震山神怕。行动威风恶鬼慌。四海有名称混世，西方大力号魔王”。

无疑牛魔王是牛族中最厉害的角色，他和妻子铁扇公主联手，不但一次次打败了孙悟空猪八戒，而且一次次战胜了众天神。关于他的故事大家通过看书看电视，早已烂熟于心，这里就不再详述了。

（四）股市中的牛市

所谓“牛市”，也称多头市场，指证券市场行情普遍看涨，延续时间较长的大升市。此处的证券市场，泛指常见的股票、债券、期货、期权（选择权）、外汇、基金、可转让定存单、衍生性金融商品及其它各种证券。

与牛市相对的称熊市，其来源有多种说法。据记载，这两个股市术语最早出现于19世纪早期美国股市。人们把健步向前的牛作为涨升的象征，寓意向上的趋势不可阻挡，而把倔强好纠缠的熊作为下降的象征，表示下跌结束遥遥无期。

还有的人说，因为牛是往上攻击（牛角往上顶），所以代表多头市场，代表利多和股价往上走，所以称牛市；熊是往下攻击（熊掌向下挥）代表空头市场，代表利空和股价下跌，所以称熊市。

还有一个说法，是因为价格上扬时市场热络，投资人与证券经纪人挤在狭小的证券交易所中，万头攒动，如传统牛市一般壮观，故戏称之为牛市。相反的就称为熊市。总之牛在证券交易中成为积极向上的代表，成为众人仰慕的吉祥物，这是值得属牛人自豪的事。

四、咏牛古诗词

人们爱牛、敬牛、咏牛赞牛，在古代的咏牛诗中有许多动人的描写、反映和寄托。

（一）性情温顺宽和的牛

牛的性情温顺，不欺老幼，从袁枚的《骑牛》中可以清晰地看到“此是人间安稳处，七十老翁有所求。呼僮扶上不拖空，牛亦相怜身不动。”这是牛驮着七十老翁衰枚行走时的情景，人上牛时牛“身不动”，牛颇通人性，怕伤着老人。这正是牛性情温顺的表露。

唐朝陆龟蒙的《放牛》诗中写道：“荒坡断堑无端入，背上时时孤鸟立。”清代王恕的《牧牛词》中也写道：“牛蹄彳亍牛尾摇，背上闲闲立春鸟。”牛与鸟相伴，充分显示了牛性情的温良与宽容。

牛温顺宽和的本性在不少诗文中得到了深刻细腻、惟妙惟肖描写。具体如下

唐·李白《寻雍尊师隐居》

花暖青牛卧，
松高白鹤眠。
语来江色暮，
独自下寒烟。

南宋·陈与义《题牧牛图》

犊儿狂走先过浦，
却立长鸣待其母。
母子为人实仓廪，
汝饱不惭人愧汝。

回　首

日久功深始转头，
颠狂心力渐调柔；
山童未肯全相许，
犹把芒绳且系留。

无　碍

露地安眠意自如，
不劳鞭策永无拘；
山童稳坐青松下，
一曲升平乐有馀。

相　忘

白牛常在白云中，
人自无心牛亦同；
月透白云云影白，
白云明月任西东。

双　泯

人牛不见杳无踪，
明月光含万象空；
若问其中端的意，
野花芳草自丛丛。

宋·黄庶《咏牛诗》

任　运

晓牧侵星大暑天，
昼寻芳草绿荫眠。
春牛不使冲残日，
归来黄昏饮小川。

柳岸春波夕照中，
淡烟芳草绿茸茸；
饥餐渴饮随时过，
石上山童睡正浓。

受　制

渐调渐伏息奔驰，
渡水穿云步步随；
手把芒绳无少缓，
牧童终日自忘疲。

独　照

牛儿无处牧童闲，
一片孤云碧障间；
拍手高歌明月下，
归来犹有一重关。

驯　伏

绿杨荫下古溪边，
放去收来得自然；
日幕碧云芳草地，
牧童归去不须牵。

咏　牛

朝出兰房暮即归，
长干相守不相违。
妆前犹有啼痕在，
只恐明朝又别离。

古代咏牛诗描绘和赞美了牛的美好形象。诗人在牛身上观察到的、发掘出的和赋予的美，不仅是外在的形态美，更是内在的品格美和灵魂美。诗人描写和赞美了牛对人类的诸多贡献及带给人类的巨大利益，抒发了人对牛的热爱和敬意。

（二）托物言志说病牛

在一些古诗词中对牛吟诵颇多，尤以力主抗金、后遭贬谪的南宋宰相李纲的《病牛》诗最著名。诗中写道："耕犁千亩实千箱，力尽筋疲谁复伤？但得众生皆得饱，不辞羸病卧残阳。"

诗的前两句“耕犁千亩实千箱，力尽筋疲谁复伤”，写病牛耕耘千亩，换来了劳动成果装满千座粮仓的结果，但它自身却精神极为疲惫，力气全部耗尽，然而它力耕负重的劳苦又有谁人来怜惜呢。作者从揭示病牛“耕犁千亩”与“实千箱”之间的因果关系上落笔，将病牛“力尽筋疲”与“谁复伤”加以对照，集中描写了病牛劳苦功高、筋疲力尽及其不为人所同情的境遇。首句中的两个“千”字，分别修饰“亩”与“箱”（通“厢”，指粮仓），并非实指，而是极言病牛“耕犁”数量之大、劳动收获之多，同时，也暗示这头牛由年少至年老、由体壮及体衰的历程。次句反诘语气强烈，增添了诗情的凝重感。

诗的后两句笔锋陡地一转，转为述其志：“但得众生皆得饱，不辞羸病卧残阳。”病牛劳苦功高，筋疲力尽，却无人怜惜，但它没有怨天尤人，更未消极沉沦。因为它具有心甘情愿为众生的温饱而“羸病卧残阳”之志。这两句诗将病牛与“众生”联系起来写，以“但得”与“不辞”对举，强烈地抒发了病牛不辞羸病，一心向着众生的志向。结句中的“残阳”是双关语，既指夕阳，又象征病牛的晚年，它与“卧”等词语相结合，有助于表现老牛身体病弱却力耕负重、死而后已的精神。

不过，此诗并非为咏牛而咏牛，而是“托物言志”，借咏牛来为作者言情述志。作者虽遭贬斥，却耿耿不忘抗金报国，想社稷，念众生。作者以病牛自喻，寄情明志，虽然筋疲力尽，还想为众人温饱再耕些田，这是多么高尚的节操！

（三）借牛讽喻政治

诗言志，不少诗人也借牛抒怀，发表一些与牛有关的政治讽喻诗。如《牧童词》：“远牧牛，绕村四面禾黍稠，陂中饥鸟啄牛背，令我不得戏垅头。入陂草多牛散行，白犊时向芦中鸣，隔堤吹叶应同伴，还鼓长鞭三、四声，牛牛食草莫相触，官家截尔头上角。”

这是唐代诗人张籍的政治讽刺诗，以牧童口吻唱出，全诗十句，是一幅牧牛图。前八句生动描述了牧场、牧童心理和牛的动态，情趣盎然，但是诗的主题在后两句，其典出自北魏万州刺史拓跋辉，从信都到汤阴的路上，为了给车上润滑油，到处捉牛割角。作者以此横征暴敛的故事，影射人民对统治者的畏惧和对抗情绪。

又如白居易《牛官》：“官牛官牛驾官车，浐水岸边般栽沙。一石沙，几斤重，朝载暮载将何用？载向五门官道西，绿槐荫下铺沙堤。昨来新拜右丞相，恐怕泥涂污马蹄。右丞相，马蹄踏沙虽净洁，牛领牵车欲流血。右丞相，但能济人治国调阴阳，官牛领穿亦何妨。”

此诗副题为“讽执政也”，是一首讽喻诗。“右丞相”即宰相。唐时制度，新上任宰相，地方官得派人给他用沙铺路，叫“沙堤”，以防“泥涂污马蹄”。白居易以官牛运沙铺路为题，对执政者进行讽喻和规劝，希望政治清明，人民安居乐业。

王安石曾说过：“丹青难写是精神”，诗人们多用赋词歌咏将牛人格化，让人与牛通过对话、表情、行为等方式，交流思想感情，是古代咏牛诗在艺术表现上的高超之处。

五、肖牛成语及典故

归马放牛

此典出自《尚书·武成》：“乃偃武修文，归马于华山之阳，放牛于桃林之野，示天下弗服。”孔颖达注：“此是战时牛马，放牧之，示天下不复乘用。”大意讲，周武王统率大军消灭了商朝，建立了周朝。但是江山虽定，山川大地却满目荒凉，一片萧条，商纣王的残暴荒淫使百姓民不聊生，痛苦不堪。面对这样的局面，周武王心里非常焦急，如何使国家重新兴旺，经济发展起来呢？于是他施行仁政，希望百姓能归田务农。于是，周武王削减了军队，提倡文教。

当时为了作战，征用了许多马和牛，现在战争已结束，应全力发展经济。于是周武王下令把马放回华山的南面，把牛放回桃林的原野，他想以此来告诉百姓战争结束了，战备放松了，不再用兵打仗，希望百姓能全心投入生产。

百姓看到周武王这样的命令，渐渐安心了，于是周朝很快兴旺发达起来。后来人们就用“归马放牛”比喻战争停止，不再用兵。

牛衣对泣

牛衣：给牛御寒遮雨用的草编物或麻织物；泣：小声哭。卧于牛衣中，夫妻相对哭泣。形容夫妻共守贫困。语本《汉书·王章传》：“初，章为诸生，学长安，独与妻居。章疾病，无被，卧牛衣中，与妻决，涕泣。”清宣鼎《夜雨秋灯录》：“翁家乏食，借贷无门，典质已尽，搔首踟蹰，牛衣对泣而已。”

此典出于《汉书·王章传》，大意是说：西汉时，有个人叫王章，他是泰山钜平人。出身贫寒，年轻时到京城长安读书，是太学中的一个穷学生。他和妻子住在一所简陋的房子中，家徒四壁，甚至连床和被褥都没有，生活十分清苦。这年冬天，天气寒冷，王章夫妻只得在地上铺上一层厚厚的草作床，身上盖的是乱麻和草编成的“牛衣”。有一次，王章得了重病，失去了生存的信心，躺在牛衣中哭起来。他一面哭，一面和妻子诀别。他的妻子是个坚强、贤惠的女人，她劝慰丈夫说：“我们虽然很穷，只要你养好身体，发愤读书，目前的困境是可以改变的，为什么要这样绝望呢？”王章听后，很受感动，决心生存下去，在妻子的照顾下，他的身体一天天好起来，并且功成名就。汉元帝时官至左曹中郎将，汉成帝时又从司隶校尉选拔为京兆尹。

后来，“牛衣对泣”这一成语，便用来形容生活贫穷和困苦。

杀鸡焉用牛刀

此典出自《论语·阳货》：“子之武城，闻弦歌之声。夫子莞尔一笑，曰：‘割鸡焉用牛刀?’”

春秋时代鲁国有一座城市叫武城。孔子的一名学生子游当了武城的长官。他重视礼乐教化，认为这样的治理必定有效，于是他用礼乐教化百姓，城里处处可以听到弦乐歌声。有一天，孔子来到了武城，听到城里一片弦乐歌声。他知道这是他的学生子游所为。孔子见到了子游，他便开玩笑地说：“杀鸡哪里要用牛刀呢?”子游正色地回答：“我时常听先生说，‘君子学了礼乐就会爱人，小人学会了礼乐就听使唤。’我之所以用礼乐来教化他们，就是让他们能有修养。现在城里的百姓都讲礼让，都能互相谦让，这正是我初时制定政策的目的。”孔于听了非常高兴，说：“说得太好了！”在子游的治理下，武城一直太平安宁，而且人与人之间和睦相处，相安无事。

后人常用“杀鸡焉用牛刀”表示不必小题大做。

牛鼎烹鸡

鼎：古代烹煮用的器物，三足两耳。用煮牛的大鼎来煮鸡。比喻大材小用。《后汉书》：“‘函牛之鼎以烹鸡，多汁则淡而不可食，少汁则熬而不可熟。’此言大器之于小用，固有所不宜也。”

“牛鼎烹鸡”这则成语的意思是比喻对有才的人使用不当，大材小用。

东汉末年，在陈留地方有个叫边让的人，很有名气。大将军何进便将他招来，命他做令史官。朝廷的议郎蔡邕听说边让在何进那里，心想：“边让这个人才学不凡，应该做更高一些的官。”便亲自到何进家里去，劝说他把边让推荐上去，让他担任再大些的官。

蔡邕说："我看边让这个人，真是才能超群呀，他聪明贤智，心通性达，非礼不动，非法不言，实在是难得的奇才啊。俗语说，'用煮牛的大锅来煮一只小鸡，水放多了，味道没了，就不好吃了；水放少了，则煮不熟，更不能吃了。'这说的是大器小用，所以是不相宜的。我现在忧虑的是，这个煮牛的大锅没有用来煮牛，希望将军仔细考虑一下，给边让一个施展才能的机会。"

老牛舐犊

《后汉书·杨彪传》："后子修为曹操所杀。操见彪问曰：'公何瘦之甚?'对曰：'愧无日先见之明，犹怀老牛舐犊之爱。'操为之改容。"三国时期，曹操手下有一个主簿，名叫杨修，聪明博学，智慧过人。一次有人给曹操送来了一盒他很喜欢吃的酥点，曹操高兴地在盒上写了"　合酥"三个字。曹操因有事顾不上吃就出去了。杨修马上打开盒子，叫大家将酥点分吃了。曹操查问此事，杨修说："您在盒上写着'一合酥'，这不就是：一人一口酥吗？我们怎敢违背您的命令，就把它吃了！"曹操虽然很不高兴，但也无话可说。

又有一次，魏蜀战争中，曹操领兵攻打汉中，驻军于斜谷界口，处于进退两难的境地，进攻并不有利，退又怕丢面子，心中很不平静，正在这时，厨子给曹操送来鸡汤，汤中有块鸡肋，曹操感慨万分。这时，夏侯淳来请示口令，曹操随口说道："鸡肋!鸡肋!"杨修听到口令以后，马上收拾行装。夏侯淳见了，问他为什么，杨修说："鸡肋食之无味，弃之可惜。丞相把汉中当作鸡肋，就是留在这里没有必要了，要准备回去了。所以我先收拾好行李。"后来，曹操果然下令回师。曹操知道杨修早就猜中他的心思，万分忌恨。又因杨修是曹操的对头袁术的外甥，怕以后会有后患，所以就借口杨修扰乱军心，把杨修杀了。杨修被杀，老父杨彪万分痛惜。一次，曹操问道："你为什么瘦得这样厉害啊!"杨彪悲伤地说："我像老牛舐犊一样爱我的儿子，现在小牛死了，我这老牛怎么能不瘦呢?"曹操听了，默默无语。

后来，人们以"老牛舐犊"这一成语用来比喻父母疼爱子女的深挚感情。

风马牛不相及

《左传·僖公四年》："君处北海，寡人处南海，唯是风马牛不相及也。"孔颖达疏引服虔云："牝牡相诱谓之风，……此言'风马牛'。谓马牛风逸，牝牡相诱，盖是末界之微事，言此事不相及，故以取喻不相平。"

齐桓公任用管仲为相，大力进行改革，使齐国成为春秋初期的一个较强大的诸侯国家。齐桓公打着"尊王攘夷"拥护周天子的旗号，大会诸侯，成为春秋"五霸"的第一个霸主。

公元前656年，齐桓公想显示一下自已的声威，就率领八个诸侯国的军队去攻打蔡国。蔡国被打败后，接着又去攻打楚国。楚成王派使臣到齐国军营中来，对齐桓公说："君处北海，寡人处南海，唯是风马牛不相及也。不虞君之涉吾地也，何故？"这意思是说："您住在北海，我住在南海，相隔这么远，就是马牛走失，也不会跑到对方的境内；不料您竟来到我的国土，这是什么原因呢？"

管仲当即代齐桓公回答说："从前召康公（周成王时最高的公卿）吩咐我们先君姜太公（即姜子牙）说：'五侯九伯，你都可以讨伐，以辅佐周王朝。还赐给我先君领土：东到大海，西到黄河，南到穆陵，北到无棣。'你长期不向周天子进贡楚国的特产包茅，我要向你征求；再有，周昭王巡行南方时，被淹死在汉水，我要向你问罪。"楚国使臣说："不进贡包茅，是我们的罪过。至于昭王淹死的事，楚国是不能负责的。如果您要问罪，请您自己到汉水边去问吧！”

齐桓公见楚国不屈从自己，接着就把大军驻扎到召陵。楚国在强大的联军面前，只得派大夫请求讲和。齐桓公也就答应了。

后来人们就将楚国使臣说的“风马牛不相及”这句话引申为成语，用来比喻彼此毫不相干。

鸡口牛后

宁为鸡口，勿为牛后，意思是说宁愿做小而洁的鸡嘴，而不愿做大而臭的牛肛门。比喻宁可在小范围内自主，而不愿在大范围内听命于人。《战国策·韩策一》：“臣闻鄙语曰：‘宁为鸡口，勿为牛后。’今大王西面交臂而臣事秦，何以异于牛后乎？”明冯梦龙《东周列国志》第九十回：“俗谚云：‘宁为鸡口，勿为牛后。’以大王之贤，挟强韩之兵，而有‘牛后’之名，臣窃羞之。”牛后：牛的肛门。

战国时期，七个大的诸侯国争霸称雄，战事连年不断。当时许多能言善辩的策士在各国之间争相游说，推行各种政治主张。秦国在实行变法之后，逐渐强盛起来，不断侵略其他六国，六国受到很大威胁。有个策士名叫苏秦，知识丰富，针对当时天下形势，专门研究了“纵横学”。为了能依靠推行政治主张而达到做高官的目的，他来到强大的秦国，连续十次上书，向秦惠文王鼓吹“连横”的主张，鼓动秦国通过与其他六国建立友好联盟进行各个击破，一步一步并吞六国。可是秦惠文王没有采纳他的主张，苏秦旅费用尽，垂头丧气地回到家乡。家里人见他如此狼狈，都不理睬他，苏秦受到刺激，发愤苦读，继续研究“纵横学”，改变政治主张，决定采用“合纵”的方法，让六国联合起来共同对付秦国。

这时另一位策士张仪仍旧坚持“连横”主张，四处游说，鼓动六国团结在秦国的旗帜下联合为一体。秦国国君认为这样做对自己有利，也竭力大肆鼓吹。苏秦再次出来，分别去六国游说，宣传“合纵”的道理，与张仪针锋相对。在韩国，张仪劝韩王倒向秦国，说“事秦则安矣，不事秦则危矣。”苏秦到了韩国，对韩王说：“韩国领土辽阔，地势险要，兵强马壮，为什么要屈服于秦国？韩国屈服了，秦国一定会提出领土要求，今年要一块土地，明年又会要一块土地，韩国国土有限，秦国的贪欲却无止境。有人说，宁为鸡口，勿为牛后。韩国跟秦国连横，那就做了牛后。连我也为你感到耻辱。”韩王听了，连说有理，嚷道：“我死也不向秦国屈服！”

对牛弹琴

此典出自牟融《理惑论》：“公明仪为牛弹清角之操，伏食如故，非牛不闻，不合其耳矣。”大意是这样的：

春秋时候，鲁国有一个音乐家名叫公明仪，他的七弦琴弹得很好。有一天，他独自一个人在屋外看见一头牛在那里低头闷不吱声地吃草。他心想：弹几支曲调给牛听听，看牛是否懂得。于是就先弹了一支清角之操。牛仍旧只是低着头吃草，一点也没理会。公明仪明白了，那支曲调太高深了，牛怎么会听得懂呢？于是他又另外弹了几支曲调，一会儿好像蚊子嗡嗡地叫，一会儿又好像小牛哞哞地鸣。这样一弹，牛就摇着尾巴，竖起耳朵，草也不吃了，回转身子走来走去，留心地倾听。

根据这个故事，后来人们引出“对牛弹琴”这个成语，比喻对不懂道理的人讲大道理是白费口舌，有轻视对方的意思；有时也用来讥笑那种说话不看对象、无的放矢的现象。

牛角挂书

此典出自《新唐书·李密传》。隋代的李密在少年时发奋学习，上进心很强，他打听到缑山有一位名士包恺，就前去向他求学。李密骑上一头牛出发了，牛背上铺着用蒲草编的垫子，牛角上挂着一部《汉书》。李密一边赶路一边读《汉书》中的《项羽传》，正巧越国公杨素骑着快马从后面赶上来，勒住马赞扬他："这么勤奋的书生真是少见啊！"少年书生回过头来，一见是越国公，赶紧从牛背上跳下来行礼。一老一少在路边上交谈起来，李密谈吐不俗，杨素深深感到他的不同寻常。果然，李密后来成了隋末农民起义队伍瓦岗军的首领。

后以"牛角挂书"的典故形容刻苦攻读。

庖丁解牛

庖丁：厨工；解：分割、肢解。比喻技术熟练，运用轻松自如。语出《庄子·养生主》："庖丁为文惠君解牛。手之所触，肩之所倚，足之所履，膝之所踦，砉然响然，奏刀騞然，莫不中音"。形容解牛技术高超，刀入牛体所发出的声音简直像一曲音乐。

木牛流马

木牛流马是三国时期蜀汉丞相诸葛亮发明的运输工具，分为木牛与流马。《三国演义》第一百〇二回中，有诸葛亮制造木牛流马的描述：长史杨仪入告曰："即今粮米皆在剑阁，人夫牛马，搬运不便，如之奈何？"孔明笑曰："吾已运谋多时也。教人制造木牛流马，搬运粮米，甚是便利。牛马皆不水食，可以昼夜转运不绝也。"

紧接着介绍了制造木牛之法：方腹曲头，一脚四足；头入领中，舌着于腹……每牛载十人所食一月之粮，人不大劳，牛不饮食。造流马之法：肋长三尺五寸，广三寸，厚二寸二分……众将看了一遍，皆拜伏曰："丞相真神人也！"

司马懿听说后，派人去抢了数匹木牛、流马，并将这些木制的牛马拆卸开来，描图画形加以仿造，不到半月，竟也造出了千余匹，一经使用，也与蜀军所造效果一样。于是，魏军也用它们去陕西搬运粮草，自以为得计。岂不知，这恰恰中了诸葛亮之计。原来，表面上看，魏军造的木牛流马与蜀军所造几无二致，但在这些牛马的口舌之内却有诀窍机关。当诸葛亮发现魏军开始用他们仿造的木牛流马搬运粮草时，便派大将王平带领一千名士兵以魏军打扮混入运输队，暗中将木牛、流马口中舌头扭转，使牛马不能行动。正当魏兵怀疑为怪物时，诸葛亮又派五百名士兵装扮成神兵，用五彩涂面，一边燃放烟火，一边驱牛马而行。魏兵目瞪口呆，以为诸葛亮有神鬼相助，也不敢追赶，诸葛亮就这样轻而易举地获得了许多粮草。因而有诗赞曰："剑关险峻驱流马，斜谷崎岖驾木牛。后世若能行此法，输将安得使人愁？"

神牛溺金

汉武帝时，在长沙西南的一个渡口，一个农夫牵着一头红牛走了过来。"喂!有渡船吗？我要过河!"那农夫喊道。渡口的艄公听到有人要过河，撑出一只小船，问："你是要过河吗？"农夫回答说："我想带这头牛到对岸去。"艄公看了看那红牛，摇摇头说："要渡你过河没问题。可船很小，恐怕载不动牛啊!"农夫回答说："绝对不会让你的船超重的，我和牛肯定都可以上船，你放心好了!"艄公听了，便很勉强地让农夫和红牛上了船。

船到江心，那头红牛竟然在船上拉了一堆牛屎，农夫笑着对艄公说："我的牛很感激你渡它过河，所以送给你一堆礼物。"艄公听了，十分生气，狠狠地瞪了农夫几眼。

渡船到了对岸，农夫牵起他的红牛走了。艄公想用桨把牛粪划到江中去。没想到仔细一看，那堆牛粪竟然是一堆金子。

艄公惊奇极了，这才知道刚才渡河的农夫不是凡人，那头红牛是条神牛。他上岸，想去追赶农夫，可农夫牵着红牛一眨眼便不见了。后人便把那座山岭称作金牛岭。

仲文断牛

南北朝后周时，有个十分聪明的少年，名叫于仲文。有一次，村里一户姓任的人家和一户姓杜的人家都丢失了一头牛。两户人家一起派人出去寻找，但只找回了一头牛。

任家和杜家都说牛是他们家的，双方争执不下，官司打到州里，州官也无法断定是谁家的。这时，有人向州官建议说："州里有个少年于仲文聪颖能干，是不是请他来处理此案?"州官听了，便把于仲文请来。仲文问清有关情况，说："要断定找回的牛是谁家的，这很容易。"

他把任家和杜家的人一起找来，当着他们的面，叫人用鞭子狠命地抽打那头牛。他在一旁冷眼观察，看见任家的人表现出心疼的样子，而杜家的人却一点也不在乎。接着，他又叫任家和杜家各自把自家的牛群赶来，然后把那头找到的牛放开，只见那牛直奔任家的牛群。于仲文立即断定，那头牛是任家的。

以羊替牛

古时人们每到一定的日子都要在祠庙里举行一种祭祀仪式，以表示对神灵的虔诚、求得神灵的庇佑，这种祭祀仪式叫"祭钟"。每逢祭钟，不是要杀一头牛，就是要杀一只羊，然后将牛的头或者羊的头用大木盘子盛放在祭神的供桌上，人们就站在供桌前祈祷。

有一天，齐国都城里来了一个人，他牵着一头牛从皇宫大殿前走过。这时，恰值齐宣王在大殿门口看见了，命人叫住那牵牛的人，便问道："你打算把这头牛牵到哪里去呢？"那人回答说："我要牵去宰了用来祭钟。"

齐宣王听了后，看了看那头牛，然后说："这头牛本来没有罪过呀，却要白白地去死，看着它那吓得颤颤抖抖、哆哆嗦嗦的样子，我真不忍心看了。把它放了吧！"

那个牵牛的人说："大王您真慈悲，那就请您把祭钟这一仪式也废除了吧！"

"这怎么可以废除呢？"齐宣王严肃起来，说："这样吧，就用一只羊代替这头牛吧！"

剖牛肚平冤

南唐升元年间，庐陵村有个富翁。有一次雨后，他把家中的衣服、被单等放在庭院中晒，不料到了傍晚少了好几件新衣服和被单，这些被单和衣服很值钱，大约总共值好几十两银子。这个富翁住的地方很偏僻，平日很少有人经过，旁边只有一户穷邻居。富翁认为是邻居偷走了自己的衣物，便到县衙去告状。

知县派人对现场进行了查验，也认为衣物是邻人所偷，于是对邻人严刑拷打，邻人屈打成招，便承认偷了衣物，并已经拿到市场上卖掉了。当时的法律很严，对于偷窃价值10两银子以上物品的贼都处以死刑。于是，这富翁的邻人被依法判处了死刑。到了执行死刑的那天，邻人频频喊冤，喊声十分悲哀。负责行刑的官员见了，感到他可能确实是被冤枉的，于是推迟了行刑，把他的案情详细申报给朝廷。朝廷接到申报，便派员外郎萧俨前来调查这个案子。他到了县衙后，将事情的始末从头到尾研究了一遍，仍找不出线索。后来他来到现场查勘，看到晒衣物的院子里有不少牛蹄印，便问那位富翁："你前天晒衣物时，院子里还有一条牛吧？""是的。"富翁回答说。"你的牛这两天连草也不肯吃，是吗？"萧俨又问。"是的。"富翁说。于是，萧俨吩咐富翁把那头牛牵来，并唤来屠夫，当场把牛杀了，将牛的肚子剖开，果然在牛肚子里找到了富翁所遗失的衣物。

和尚捞铁牛

宋朝时，有一次黄河发大水，冲断了河中府城外的浮桥。拴浮桥的八个铁牛也被大水冲进淤泥中。洪水退后，必须马上修浮桥，可是，一只大铁牛有几千斤重，怎么才能把铁牛捞上来呢？又有谁能胜任呢？人们议论纷纷，没有主意，一个名叫怀丙的和尚说："我来试试。铁牛是被水冲走的，我还叫水把它送回来。"

怀丙先请熟悉水性的人潜到水底，摸清铁牛沉在何处，然后准备了两只大木船，船舱装满泥沙，慢慢地行驶到铁牛沉没的地方。船停稳了，他叫人把两只船并排拴在一起，两船合一船，用结实的木料搭个架子，横在两只船上，再用粗绳一头缚住铁牛，一头缚住架子。接着怀丙请水手们把船里的泥沙都铲进黄河里。船里的泥沙慢慢地少了，船身慢慢地向上漂浮，靠着水把船向上托的浮力，水底的铁牛一点点从淤泥中被拖出来。怀丙让水手驾船回到岸边，一只大铁牛便被拖回了岸边。怀丙又用同样的办法把其他七只大铁牛拖了回来。浮桥修起来了，八只大铁牛又重新屹立在两岸。

戴嵩画牛

宋代四川有个著名的书画收藏家杜处士，他非常爱好书画，家里收藏不少名贵书画，其中最珍贵的是唐朝大画家戴嵩画的一幅《斗牛图》。他用锦囊作画套，玉石作画轴，经常随身带着，给朋友们欣赏。有一天，他发现画上出现了霉点，正巧当天天气很好，阳光灿烂，便把家中的画都搬到太阳底下去晾晒。

有一个牧童看到了戴嵩的《斗牛图》，拍着手大笑起来说："这幅画画的是斗牛吗？两头牛相斗的时候，它们全身的力量都集中在角上，把尾巴紧紧地夹在两条后腿中间。现在这幅画上的两头牛却摇着尾巴在相斗，这可能是画错了！"

杜处士听了，十分赞同，笑着说："是！你说得不错！看来，大画家也有出现笔误的时候呀！"

白牛斗青牛

相传秦昭王时，任命李冰为蜀郡太守，他征发民工在岷江流域兴办了都江堰用来灌溉附近的土地。当时的江神每年都要娶当地的两位少女作为妻子，李冰为了劝阻江神，毅然牺牲自己的爱女，把她献给江神为妻，但是江神仍然经常兴风作浪，李冰十分愤怒，便去严厉地斥责它。江神大怒，化作一头青牛，朝李冰撞来，李冰也变成一头白牛，和那青牛角斗起来。两头牛从岸上斗到水中，打得十分激烈，不分胜负。

晚上休战的时候，李冰召来手下的武官说："我明天还要去和江神决斗，看来单靠我一个人是很难战胜它的。明天你们到江边去，一定可以看到一头白牛和一头青牛在决斗，那白牛是我，青牛就是江神，你们可助我一臂之力，帮我杀死江神。"那些武官同意了。第二天他们来到江边，果然看到白牛在和青牛搏斗，于是便合力杀死了青牛。江神被铲除了，岷江被驯服了。

牛羊肉泡馍

牛羊肉泡馍，是独具西安地方特色的著名小吃，西安老孙家饭庄从1898年开始经营，迄今已有百余年历史。传说，牛羊肉泡馍是在公元前11世纪古代"牛羊羹"的基础上演化而来的。西周时曾将"牛羊羹"列为国王、诸侯的"礼馔"。据《宋书》记载，南北朝时，毛修之因向宋武帝献牛羊羹这一绝味，武帝竟封他为太官史，后又升为尚书光禄大夫。还有一段风趣的传说，大宋皇帝赵匡胤称帝前受困于长安，终日过着忍饥挨饿的生活，一日来到一家正在煮制牛羊肉的店铺前，掌柜见其可怜，遂让他把自带的干馍掰碎，然后给馍浇了一勺肉汤放在火上煮透。赵匡胤狼吞虎咽地吞食，感到其味是天下最好吃的美食。后来，赵匡胤黄袍加身，当了皇帝，一日，路过长安，仍不忘当年在这里吃过的牛羊肉泡馍，同文武大臣专门找到这家饭铺吃了牛羊肉泡馍，仍感鲜美无比，胜过山珍海味，并重赏了这家店铺的掌柜。皇上吃泡馍的故事一经传开，牛羊肉泡馍便成了长安街上的著名小吃。

六、肖牛谚语俗语拾趣

（一）谚语

牛是农家宝，有勤无牛白起早。

耕牛农家宝，定要照顾好。

点灯省油，耕田爱牛。

栏内无牛空起早。

牛是种地的哑巴儿子。

一头牛，半个家。

养牛没有巧，水足草料饱。

冬天的食，春天的力。

一口青草一口血，一口黄豆一点力。

养牛养冬膘。

冬牛不瘦，春耕不愁。

寸草切三刀，无料也上膘；牛不吃饱草，拖犁满田跑。

菜不移栽不发，牛无夜草不肥。

牛房牛房，冬暖夏凉。

牛栏通风，牛力无穷。

喂养水牛娘，牢记事两桩：夏天挖个池，冬天修个房。

要想畜牲钱，要同畜牲眠。

人吃牛饭，不能蛮干。

牛有千斤力，不能一时逼。

不怕千次使，就怕一次累。

乏牛不卧，卧牛不乏。

三岁黄牛四岁马，岁半水牛田中爬。

上看一张皮，下看四只蹄，前看胸膛宽，后看屁股齐。

耕牛有歇有饱，十七八年不老。

（二）俗语

牛鼻上穿绳，哪里情愿：指很不愿意。《慈禧太后演义》二六回：“大阿哥性好游狎，要他静心读书，好像牛鼻上穿绳，哪里情愿？”

牛不吃水强按头：比喻强迫人做不愿做的事。《红楼梦》四六回：“家生女儿怎么样？‘牛不吃水强按头’？我不愿意，难道杀我的老子娘不成？”李满天《水向东流》一章：“光是大会压，小会挤，牛不吃水强按头，你想会弄个什么结果？”

牛不饮水不按头：比喻不能强制别人做不愿做的事情。柯蓝《济河十八湾》二章：“反正牛不饮水不按头，他们还能用绳子把我捆住不成！只要我不答应，他拿了我能一口吞下去吗？”也作“牛不喝水，不能犟饮”。

牛不知角弯，马不知脸长：比喻人缺乏自知之明。周肖《霞岛》一〇章：“牛不知角弯，马不知脸长。阿榕这犟仔，就是看不见自己的短处。”

牛耕田，马吃谷：比喻待遇不公平，受苦的受苦，享福的享福。李六如《六十年的变迁》六章二：“你将来打算归田，还是出洋？”脚一跺：“哼！牛耕田，马吃谷，这就是革命成功的下场！”

牛圈里头伸进马嘴来了：牛、马分槽喂养，在牛圈里出现马嘴，指多余。要人不要多嘴。艾芜《我的旅伴》五：“老女人大声骂老何道：‘有你说的！牛圈里头伸进马嘴来了！’”也说“牛栏里伸进张马嘴——有你说的”。

牛口里的草，扯不出来：比喻难以得到一句实话，也泛指事情难以办到。李六如《六十年的变迁》五章一：“嘿！你真傻，牛口里的草，扯不出来的。”

牛栏里关猫：比喻采取行动的防御措施漏洞太大，一点也不顶用。周立波《山乡巨变》上二二：“通地坪的一张耳门打开了，显然贼人是从这里大摇大摆出去的。‘忘了把耳门子从外边反锁。’陈大春十分丧气。‘你这是牛栏里关猫。’”

牛毛细雨，点点入地：细雨随下随渗入泥土。比喻扎实、深入。刘江《太行风云》五九：“要对照素华的工作作风，好好检查一下我们的工作。是牛毛细雨，点点入地，还是水过地皮湿？”

牛皮不是吹的，火车不是推的：指不凭空说大话，要看真本事。李满天《水向东流》中二〇章：“牛皮不是吹的，火车不是推的，这碌碡摆在当场，跟你没交情，跟我没来往，没多的，也没少的，咱们比一比，才见出谁真谁假。”

牛皮不做灯笼：牛皮做成的灯笼不能照亮。比喻不受蒙蔽。明代王应遴《逍遥游》：“半世奔波碌碌，一生计算匆匆。汤来雪去总成空，财主恍如春梦。何幸仙师开导，牛皮不做灯笼。”

牛皮灯笼肚里亮：用牛皮做的灯笼，外面不亮里头亮。比喻心里明白。袁静等《新儿女英雄传》七回：“他找我干吗？……哼，‘牛皮灯笼肚里亮’，你心里还不明白？”

牛皮唬不倒人，草深掩不住苗：说大话吓不倒人，杂草虽多，盖不过禾苗。比喻光说大话没有用，以实际行动做出来才算。李满天《水向东流》二二章：“别说漂亮话！我见过的多，牛皮唬不倒人，草深掩不住苗，你小子敢比一比，赛一赛？”

牛身上拔了一根毛：见“九牛亡一毛”。九：虚数，形容多。

从好多牛身上拔去一根毛，比喻微不足道。

牛食如浇，羊食如烧：牛吃过的田禾苗，如同水浇过一样长得更茂；羊吃过的却像火烧过一样难再生长。明代郎瑛《七修类稿》卷一七“牛羊食草”：“凡草木经过牛啖之必茂，经羊啖之必枯。故谚曰：‘牛食如浇，羊食如烧。’”

牛套马，累死俩：套：指套车。指一快一慢，互相牵制。比喻做事难以合作。周立波《暴风骤雨》二部三：“我养活的是牛，走得慢。又不能跟马搁在一起套车，牛套马，累死俩。”

牛头不对马嘴：比喻胡拉乱扯，二者毫不相关。《警世通言》卷一一：“苏雨道：‘我是苏爷的嫡亲兄弟，特地从涿州家乡而来。’皂隶兜脸打一啐，骂道：‘见鬼，大爷自姓高，是江西人，牛头不对马嘴！’”张恨水《啼笑因缘》一三回：“你老人家要三位师兄帮忙，就说要人家帮忙的话，这样牛头不对马嘴，闹上一阵，还是没有谈到本题。”

牛头不烂，多费些柴炭：比喻遇到难办的事，要多下功夫。胡正《汾水长流》二七章：“不过我后爹可不像咱爹那么容易。牛头不烂，多费些柴炭，罢了！”

牛无力拉横耙，人无理说横话：牛没有力气拉起耙来歪歪斜斜，人没有理了说话就会胡搅蛮缠。苏群《大别山人》九：“‘牛无力拉横耙，人无理说横话’，他既然贴出来，必定编好一套鬼话，就是我们把他找来，也必然是一套七扯八拉的诡辩，谁有工夫听它？”

牛眼看人高，狗眼看人低：牛的眼看到人高大，狗的眼看到人低小。比喻势利，小看人。张行《武陵山下》五六：“牛眼看人高，狗眼看人低！老子是聂司令的先遣队，你敢放刁？”

牛有千斤之力，人有倒牛之方：比喻对手再强也会有办法制服。《三宝太监西洋记》三一回：“牛有千斤之力，人有倒牛之方。岂可坐视其猖獗，就没有个赢手。”

（三）谜语

【谜面】遍地是牛羊（打一俗语）

【谜底】遮羞布。指系在腰间遮盖下体的布。

[指津]地支生肖、拆拼法。“牛羊”拼合成“羞”，丑：属牛。

【谜面】丑牛千里行（打一成语）

【谜底】牛马走。旧时用作自谦之词。后比喻像牛马一样奔波劳碌。汉·司马迁《报任少卿书》：“太史公牛马走，司马迁再拜言。”

[指津]生肖、借代法。丑年属牛；千里代马；行，即走。

【谜面】丑角冒火（打一成语·卷帘格）

【谜底】气冲牛斗。又作“气冲斗牛”。牛斗：牵牛星和北斗星，泛指星空。形容气势宏大或气概非凡。也形容极其愤怒。鲁迅《两地书》五十一：“从前是气冲牛斗的害马，现在变成童养媳一般。”

[指津]地支生肖法。丑属牛。按格要求需将谜底倒读作“斗牛冲气”扣面。

【谜面】丑态观不尽（打一成语）

【谜底】目无全牛。又作“目牛全无”。形容技艺纯熟，造诣高深。也形容做事精熟干练。谢觉哉《不惑集·目无全牛》：“我们称赞人会办事，常说他‘目无全牛’，意思就是说他碰到一件事，能分析它的来踪去迹，分析它的各个方面，分析它们相互间的矛盾，然后决定用何方法，从何下手。”

[指津]地支生肖法。丑态指牛体；丑属牛。尽：完；“观不尽”与“目无全”相扣对。

【谜面】丑闻（打一成语）

【谜底】对牛弹琴。比喻对不明事理的人讲高深的道理，枉费功夫。也讽刺说话不看对象。汉·牟融《理惑论》：“公明仪为牛弹清角之操，伏食如故，非牛不闻，不合其耳矣。”

[指津]地支生肖法。丑属牛。对牛弹琴自然是让牛“闻”（听）。

【谜面】顿失滔滔（打一成语）

【谜底】泥牛入海。把泥捏的黄牛放入海里，比喻一去不复返，杳无消息。

[指津]会意法。失，可作消失。谜谓泥牛掉进海里，顿时消失在滚滚的大水之中，故底、面相合。谜面引毛泽东《沁园春·雪》：“大河上下，顿失滔滔。”

【谜面】二丑（打一成语）

【谜底】如牛负重。像老黄牛驮着沉重的东西。比喻负担沉重，生活艰难。

[指津]地支生肖法。丑属牛，重又表示重叠。如牛驮牛，正扣“二丑”。

【谜面】风吹草低见牛羊（打一成语）

【谜底】顿开茅塞。又作茅塞顿开。顿：顿时，立刻。心里就像被一团茅草堵塞着，突然间开通了。比喻忽然思想开窍，一下子明白过来。《三国演义》三十八回：“先生之言，顿开茅塞，使备如拨云雾而睹青天。”

[指津]谜面出北齐民歌《敕勒川》：“天苍苍，野茫茫，风吹草低见牛羊。”会意正扣法。一个顿字，足以说明“风吹”强劲之

势；开茅塞，始见“野草低伏，隐没在草丛里的牛羊显露出来”。底、面相互扣合，活画出一幅广阔富饶的草原图画。

【谜面】俯首甘为孺子牛（打一成语）

【谜底】爱憎分明。憎：恨。爱什么，恨什么，态度、立场非常鲜明。臧克家《学诗断想·鲁迅对诗歌的贡献》：“不但在广义上说鲁迅的一切作品是‘史诗’，在狭义上说，鲁迅也称得上是一个爱憎分明的革命诗人。”

[指津]启承法。谜面出自鲁迅《自嘲》诗：“横眉冷对千夫指，俯首甘为孺子牛。”由诗的下句，联想到上句，从而得出“爱憎分明”的结论。

【谜面】杀鸡焉用牛刀（打一成语）

【谜底】游刃有余。游刃：从容地运转刀刃。原形容宰牛技术纯熟，刀在骨缝里自由游动，毫无阻碍。后比喻技术娴熟，做事轻松愉快。茅盾《子夜》十五：“现在是应付钱葆生，这比工人不同，屠维岳自觉得‘游刃有余’。”

[指津]会意，正扣法。谜意：既然刀刃运转有余，割鸡何必用杀牛之刀？

【谜面】更夫吹牛皮（打一成语）

【谜底】夜郎自大。夜郎：汉代西南地区的一个国家，在今贵州西北部。比喻妄自尊大。《孽海花》二十四回：“夜郎自大，我国若不大张挞伐，神威，靠着各国的空文劝阻，他哪里肯甘心就范呢！”

[指津]会意，分扣法。“夜郎”分别解作夜间的年轻人，以扣“更夫”；“自大”切合“吹牛皮”。

【谜面】架鹊桥以渡河，牛女相会（打一俗语）

【谜底】佳偶自天成。佳偶：好配偶。天成：天作之合。祝人婚姻美满幸福。清·程允升《幼学琼林故事·婚姻》："良缘由夙缔，佳偶自天成。"

[指津]运用"牛郎织女"的故事制谜。牛女，指牛郎和织女。"天成"分别解作仙界成婚。

【谜面】老骥伏枥（打一成语）

【谜底】志在千里。形容远大的志向。三国·魏·曹操《步出夏门行·龟虽寿》："老骥伏枥，志在千里；烈士暮年，壮心不已。"

[指津]诗词借代、启下法。骥：良马。枥：马槽。由上句，联想到下句，谜底得出。

【谜面】卖刀买牛（打一成语）

【谜底】卸甲归田。卸：脱去。甲：用金属或皮革制的战衣。脱下铠甲，回家种田。指战士退伍还乡。《民俗通国演义》百三十一回："耿耿此心，天日共鉴。倘使统一完成，国事宁息，甚愿卸甲归田，享此共和幸福。"

[指津]卖刀指脱去军装，射以"卸甲"；买牛是为了回家耕地，以射"归田"。

【谜面】牛之性犹人之性欤（打一俗语）

【谜底】心有灵犀一点通。犀：犀牛，旧说它是灵异之兽。一点通：犀牛角内有白纹直通两端。比喻两心相通，心心相印。唐·李商隐《无题》诗："身无彩凤双飞翼，心有灵犀一点通。"

[指津]借代法。灵犀，代指牛。心：别指人心、人性。谜底意谓：人心与牛心有“一点通”，以上扣谜面，其意相合。

【谜面】吴牛喘月遥相对（打一成语）

【谜底】蜀犬吠日。蜀：旧指四川地区。吠：狗叫。四川多雾蔽日，狗见太阳出来就惊叫起来，比喻少见多怪。清·程允升《幼学琼林故事》卷一：“蜀犬吠日，比人所见甚稀。”吴牛喘月，笑人畏惧过甚。

[指津]谜阁要求底、面相扣如楹联。

七、牛年春联

金牛贺岁 玉鼠回宫	子鼠辞旧岁 丑牛贺新春	牛背飘春曲 鹊舌报福音
人逢如意事 牛舞艳阳春	马到成功日 牛耕芳草地	牛耕千野绿 鹤阑一庭春
人勤春来早 草发牛更肥	丰稔黄牛志 富强赤子心	牛耕田野绿 鹊跃世间春
山花浪漫 铁牛奔驰 （郭保中）	人勤春到早 草发牛增肥	开春迎紫燕 敬业效黄牛
金牛亮相 大帝开春 （王　昊）	子时春入户 牛岁福盈门 （时　杰）	牛开丰稔景 燕舞艳阳天

将军爱战马
农夫喜黄牛

铁牛耕绿野
金虎啸青山

鼠去仓廪满
牛来稻谷丰
（李洪亮）

跃马迎春丽
骑牛接岁丰
（刘逸城）

黄牛耕九野
绿柳放三春

鼠去家留福
牛来地产粮

客岁送金鼠
今年买铁牛

黄牛耕绿野
猛虎啸青山

鼠去粮满囤
牛来地生金

得失塞翁马
襟怀孺子牛

跃马迎春丽
骑牛接岁丰
（刘逸城）

鼠庆丰收岁
牛迎锦绣春
（孙洪德）

春暖青牛跃
山高碧水流

紫燕寻旧主
金牛舞新春

鼠趁三更去
牛驮五福来

黄牛耕绿地
白虎啸青山
（郭保中）

春新牛得草
世盛国生辉

瑞雪迎春到
金牛贺岁来

草绿黄牛卧
松青白鹤栖

草发黄牛乐
春新紫燕歌

献丑休言丑
用牛要学牛
（凌一二）

黄牛耕绿野
猛虎啸青山

草绿黄牛卧
松青白鹤栖

催春布谷叫
报喜牵牛开

黄牛耕碧野
白首乐红楼

草暖青牛卧
松高白鹤眠

鼠去仓储静
牛来土地欢
（王希勃）

丑时春入户　　金牛耕福地　　铁牛耕绿野
牛岁福临门　　紫气兆阳春　　金虎啸青山
（唐北海）

玉鼠辞旧岁　　金牛耕盛世　　春催布谷鸟
金牛迎新春　　玉燕舞新春　　人效拓荒牛
（林应禧）

布谷迎春叫　　金牛腾盛世　　黄牛耕九野
牵牛接福来　　紫燕舞阳春　　绿柳放三春
（智廷兰）

岁首春到户　　夜草能肥马　　春新牛得草
牛年福满门　　生刍可壮牛　　世盛国生辉

欢度新春节　　春来紫燕舞　　黄牛耕沃野
高歌小放牛　　节到黄牛忙　　紫气笼新春

牛耕芳草地　　迎春牛贺岁　　春如催战鼓
鹊报吉祥年　　报喜鹊登门　　官似拓荒牛
（廖连娇）　　（张　悟）

牛耕肥沃地　　金牛奔盛世　　春丽牛逢草
虎啸太平年　　紫燕舞新春　　月明马识途

牛铃飘翠岭　　金牛耕沃野　　莺舞池边柳
燕语暖春风　　玉燕舞青天　　牛耕陌上春
（贯树桂）

牛舞丰收岁　　金牛耕沃野　　春暖青牛跃
鸟鸣幸福春　　紫燕舞春风　　山高碧水流

玉鼠呈祥奏凯
金牛兆瑞迎春
（黄伟志）

鸟唤前山叠翠
牛耕九野铺金
（李路红）

紫燕欣寻旧主
金牛乐舞新春
（郭保中）

一曲牧歌传牛背
无边柳色绿村头

一犁春雨牛耕地
万丈豪情虎跃山
（吴岱宝）

鼠遁春风至
牛携喜气来
（草　野）

愿效黄牛力
尽抒赤子情

大地莺歌燕舞
农家马壮牛欢
（郭保中）

子岁先登富路
丑年再上新阶

人物风流心向党
黄牛勤奋力耕田

人勤一世千川绿
牛奋四蹄万顷黄

人增福寿年增岁
鱼满池塘牛满栏

土生白玉牛羊壮
地产黄金鸡犬欢

川原蝶舞翩翩好
田野牛耕户户忙

十里丰田牛盖印
一川雪野虎描梅
（赵春贤）

丁年鼠喜辉煌业
丑岁牛奔旖旎春

人寿年丰百姓乐
地肥水美众牛欢

人寿年丰农户乐
地肥水美春牛歌

马齿新增奔富路
牛肩未歇备春耕

丰稔岁中牛领赏
新台阶上步登高

天下花开白雪尽
人间春到黄牛忙

天好地好春尤好
牛多粮多福愈多

无人不恨官仓鼠
有口皆夸老黄牛
（魏明德）

山流新韵水流蜜
人奋壮心牛奋蹄
（林建中）

千里驰驱识宝马
一生勤勉羡黄牛
（邓焰如）

子去丑来腾锦绣
鼠归牛到竞辉煌

子夜钟声催漏尽
丑年花信报春归
（程秉绶）

花草丛中光箪美	牧草丛中春色美	诚心乐做人间事
牧牛曲里暖春欣	放牛曲里笑声甜	俯首甘为孺子牛
（郭保中）		
花香鸟语春无限	牧童牛背春香路	春日一犁牛作画
沃土肥田牛有功	游子马蹄梦醉乡	东风万剪燕裁诗
		（草　野）
攻关不要胆如鼠	金牛开出丰收景	春牛喘月人恒敬
创业仍需劲似牛	喜鹊衔来幸福春	金虎啸风世独钦
（凌一二）		
时到亦归怀旧燕	金牛贺岁千门喜	春归大地黄牛跃
春回好做拓荒牛	瑞雪迎春万象新	福到人间紫燕飞
	（肖文山）	
迎瑞金牛歌盛世	金牛耕出辉煌业	春来喜看金牛壮
衔春紫燕弄先声	热土铺开锦绣春	冬去笑迎玉燕归
（杨志忠）	（李金明）	（黄文坤）
阳春一曲迎牛到	良策善方多俊杰	金牛埋首四蹄奋
明烛两支送鼠归	乳牛老骥竞风流	紫燕恋春万里归
（吴拱贵）		
红梅傲雪千门福	雨洒绿畴牛作画	金光大道人催马
碧野放牛五谷丰	风摇玉树柳吟诗	黄土田间牛绘春
	（石宏发）	（吴　冲）
花开枝上白雪尽	拓荒那顾自身丑	金榜题名光耀第
春到人间黄牛忙	俯首甘为孺子牛	喜牛拱户院生财
	（孟凡国）	
花木逢春枝叶茂	奋蹄愿做英雄马	贪官如鼠万民恨
牛羊得草体膘肥	俯首甘为孺子牛	公仆似牛百代钦
	（吴　冲）	（梁和平）

牛主乾坤春浩荡
人逢喜庆气昂扬

牛耕沃野春色美
鹊闹红梅叫声甜
（欧阳海洲）

牛鞭当笔填新句
鸟语作歌报福音

牛伴青蛙鸣屋外
柳随紫燕舞楼前
（钟华一）

牛耕沃野耘春色
犁耙桑田播福光
（王 峰）

反腐反贪除硕鼠
任劳任怨效勤牛
（江深根）

牛角挂书迎喜气
梅香斗雪贺新春
（吴路宝）

牛耕禹地千家富
日照尧天万里香
（季柞忠）

反腐安民消硕鼠
廉正世誉坤黄牛
（刘普昌）

牛奔马跃行千里
凤舞龙飞上九霄

牛耕绿野千山笑
雪映红梅万里香

仓无鼠患千家乐
地有牛耕五谷丰

牛奋四蹄铺绿锦
莺歌九域步康庄
（石宏发）

牛耕绿野千畦秀
人值盛年万事亨

为人不学官仓鼠
从政甘当孺子牛

五岭莺歌又燕舞
九州马叫并牛欢

牛郎弄笛迎春曲
天女散花祝福图

牛耕绿野千畦绿
鹊闹喜梅万朵红

五鼠托来四海福
九牛送进十方财

牛耕沃野千山笑
雪映红梅满院香

牛耕绿野丰收岁
人迎佳年锦绣春
（郑敏光）

中天星彩腾奎壁
大地人文射斗牛

牛耕沃野千畦绿
鹊闹喜梅万朵红

牛耕碧野千畦秀
人值盛年百事亨

牛马成群勤致富
猪羊满圈乐生财

牛耕沃野层层绿
鹊闹红梅朵朵香

牛耕碧野千畦秀
虎啸青山万岳雄
（程鹏达）

丑到青天多紫燕　　布谷鸟鸣忙布谷　　有福人家牛报喜
牛来绿野遍黄金　　牵牛花绽喜牵牛　　无边春色燕衔丰
（朱凤林）　　（草　野）

玉碗生光辉琥珀　　旧俗已随鼠年去　　当年禹甸多铜马
金牛焕寒耀星辰　　新风正逐牛岁来　　今日春郊遍铁牛

玉鼠回宫传捷报　　白头能做识途马　　年丰人寿农吟曲
金牛耕地涌春潮　　俯首甘为孺子牛　　水美地肥牛放歌

玉鼠送年生玉竹　　写完福字描春字　　年丰人寿家家乐
金牛纳岁架金桥　　迎到金牛买铁牛　　春到花开处处耕
（覃钦大）

玉鼠留福千里秀　　吉日生财牛拱户　　阳春一曲迎牛到
金牛报喜万家春　　新春纳福鹊登梅　　日月两轮送鼠归
（杜正尧）

为民当效黄牛力　　玉鼠循回腾紫气　　老牛力尽丹心壮
报国应怀赤子心　　金牛报道兆丰年　　志士年衰赤胆雄
（常扳恒）　　（姚金才）

为民严打官仓鼠　　世盛黄牛耕绿地　　有庆年头牛得草
报国甘当孺子牛　　政通白虎啸青山　　无垠大道马扬蹄
（郭保中）

为官不做殃民鼠　　巧剪窗花牛拱户　　有庆年华鹊报喜
执政甘当孺子牛　　妙裁锦绣燕迎春　　无边田野牛耕春
（曹树汉）

丑时福降勤劳者　　可染画牛牛得草　　有庆阳春莺报喜
牛岁春临幸福门　　悲鸿放马马扬蹄　　无边沃野牛耕畴
（杨　威）　　（郭保中）

辞旧迎新除硕鼠
富民强国效勤牛

鼠去牛来闻虎啸
弊除利兴盼龙腾
（丁仁厚）

鼠报平安归玉宇
牛随吉瑞下天庭

辞鼠修仓迎稻熟
催牛耙地促年丰

鼠去牛来闻虎啸
民殷国富盼龙飞

鼠姑已霸去年秀
牛劲还耕今岁春
（白启才）

翠柳迎春千里绿
黄牛耕地万山金

鼠去牛来耕绿野
年丰人寿庆新春
（孙皖樵）

鼠标点击和谐曲
牛市送来富贵春

横心誓扫官仓鼠
俯首甘为孺子牛

鼠去牛来耕沃野
桃红柳绿贺新春

鼠毫健笔书成福
牛角深杯酒酿春

鼠去牛来田种谷
人勤春早地生金

鼠去牛来臻盛世
莺歌燕舞庆新春
（周承旺）

鼠辞旧岁仓常满
牛到新年地不荒
（吴拱责）

紫燕衔春梁上闹
青牛播富垄中耕
（樊泽民）

鼠去牛来欣大治
龙腾虎跃奋新程

鼠去牛来辞旧岁
龙飞凤舞庆新春

紫燕衔泥穿柳去
金牛乘月拓荒来
（杨晓雁）

鼠去牛来闻虎啸
风调雨顺盼月圆
（李伟坚）

鼠年不做官仓鼠
牛岁甘为孺子牛

富裕农家牛满圈
和谐社会鼠无踪

鼠去牛来闻虎啸
民殷国富看龙飞
（谢大年）

鼠年政善春光满
牛岁人和喜气浓
（李世儒）

献丑殷殷休说丑
效牛默默不吹牛
（凌一二）

鼠去牛来闻虎哺
蚊腾凤起听龙吟
（苏元章）

鼠年谱就惊天曲
牛岁迎来动地诗

茧花绽放漫山绿
牛背飘来一曲歌

躬耕垄亩孺牛志
尽瘁国家公仆心
（柴　逸）

银鼠迎春春满院
金牛报喜喜盈门
（赵义柏）

挺身莫做官仓鼠
俯首甘为孺子牛
（程鹤达）

黄土田间牛作画
紫薇春苑燕吟诗

银燕欢飞掀嫩柳
金牛阔步起新程
（崔锢兵）

挺身勇灭官仓鼠
俯首甘为孺子牛

黄牛吃草生新奶
紫燕衔泥筑小巢

猪肥牛壮家多福
食足衣丰民自安

神州无处不飞彩
农户有牛喜闹春

黄牛喜耕黄土地
紫气萦绕紫薇春

猪肥牛壮家家乐
燕舞莺歌处处春

耕者有牛皆种地
神州无处不欢歌

黄牛舐犊芳草地
紫燕营巢杏花天

腊梅花放雪将尽
春水温升牛甚忙

春到人间新燕舞
喜盈门第铁牛忙

铁牛拖出满山宝
茧手挖来遍地金

硕鼠已随除夕去
老牛正值立春来
（吴　冲）

春临门户白雪化
福降人间黄牛忙

铁牛耕地地增产
科技兴农农聚财
（严国栋）

盛世欢歌牛气在
新春畅想虎威生
（吴岱宝）

春耕秋种扶犁走
俯首扬蹄迓岁丰

铁牛望月平畴绿
赤帜啸风满地红

雪映红梅千山笑
牛耕碧野五谷香

革薪不要胆如鼠
创业仍须劲似牛
（安红敏）

俯首朴实无欲望
奋蹄奉献有精神
（王兴平）

银鼠才乘时雨去
金牛又借东风来

锦鼠飞天霞缀锦
金牛下地土生金
（何移风）

碧桃无意随春水
黄犊有情鼓绿涛

喜看大地莺歌燕舞
笑迎农家马壮牛欢

新村喜盼铁牛到
农家笑望春燕飞

横眉冷对官仓鼠
俯首甘为孺子牛
（江深根）

腐鼠归天九州富裕
春牛贺岁五谷丰登
（邹元生）

新春人唱黄牛赞
丰岁诗吟白雪歌

不知索取只知奉献
勿问收获但问耕耘

反腐惩贪痛打官仓鼠
求真务实甘为孺子牛
（杨济宽）

新春乐咏黄牛颂
小院频传喜鹊歌

牛奋三春千山锦绣
人勤四野五谷丰登
（张国栋）

克己奉公不做官仓鼠
倡廉反腐甘为孺子牛
（叶成兰）

鼠辞旧岁花铺地
牛步新春谷满仓

新春频写黄牛颂
旭日高悬致富门
（草　野）

玉鼠回宫同歌大有
金牛贺岁共步小康

鼠嫁新娘传老话
牛耕绿野出黄金
（黄建良）

新春喜作黄牛颂
旭日高悬致富门

玉鼠回宫欢鹏大有
金牛贺岁阔步小康
（冯上鲁）

鼠瘦民殷昌国运
牛肥廪实振家声
（叶成兰）

数声柳笛飘牛背
无限春光亮马蹄

玉鼠辞年留珍献宝
金牛贺岁种福播春
（曹毅前）

催牛犁地保丰稔
跃马扬鞭奔小康
（周承旺）

数声牧笛传新曲
四野耕犁试早春

灭鼠消灾粮丰人寿
养牛致富国裕家康

誓保耕牛吃夜草
不容仓鼠盗官粮
（韩述本）

碧树红楼相掩映
黄牛骏马共迎春

鹊唱红梅三春艳丽
牛耕绿野五谷丰登
（周陆寿）

庆丰年但愿官仓硕鼠少
讴德政殷期公仆孺牛多
（黄汉如）

铁牛奔驰开辟康庄大道
春花烂漫装点锦绣前程

乐辞鼠岁处处丰收人人乐
歌颂牛年家家富裕户户歌
（凌一二）

鼠岁报佳音市场兴旺迎胜利
耕牛换铁牛科技繁花铺富路

马壮牛肥山村添生气
人杰地灵门户沐春风
（杜向明）

喜鹊登梅百族迎佳节
金牛献瑞万里笑春风

腊尽春归山村添喜气
牛肥马壮门户浴春风

鼠去牛来一元欣复始
春明日丽万象喜更新

辞鼠岁斥鼠性遇鼠应打鼠
迎牛年学牛劲当牛不吹牛
（东 白）

燕进新居归来贺岁频传喜
牛耕碧野不用扬鞭总奋蹄
（邹元生）

燕剪窗花新墨书联天作纸
牛犁乡土和风奏凯风朝阳

牛年逢盛世人民幸福庆团圆
后浪催前浪文明劲旅树新风
（熊尚鸿）

子鼠潜踪天宝物华歌稔岁
丑牛益世云宁霞蔚庆新春
（尹春保）

害鼠清除万里晴春消永昼
铁牛传颂一轮明月耀长空
（曹国荣）

游子归乡紫燕衔泥添喜气
金牛贺岁红桃沐雨漾春风
（李文君）

瑞雪迎春泽瑞江山千里翠
金牛贺岁风披华夏万民欢
（曹国荣）

八、肖牛地名什锦

北京颐和园七孔桥头说铜牛

颐和园昆明湖东堤岸边，十七孔桥桥头不远处，有一只神态生动、栩栩如生的镀金铜牛，它昂首安卧于岸边，好似回首惊顾，若有所闻。炯炯目光注视着昆明湖的西北方向。它神态自若，造型逼真，反映了我国当时的铸造艺术水平，是我国现存最大的古代镀金铜牛，也是颐和园内一处重要的人文景观。

据传说，大禹每治好一处水患，便铸造一条铁牛沉入河底，认为牛识水性，可防河水泛滥。到了唐代，经过长期沿袭，人们不再把铁牛投入河中，而是把牛放置在河岸边。乾隆皇帝沿用大禹治水的传说，仿唐朝铁牛上岸的做法，命匠人铸造了一只铜牛，为了表示大清王朝的繁荣强盛，铜牛全身镀金，并在金牛背上用篆文铸了《金牛铭》："夏禹治河，铁牛传颂，义重安澜，后人景从……敬兹降祥，乾隆乙亥。"

1860年，英法侵略军攻入北京城，侵占了颐和园。侵略者贪婪无度，掠夺成性，破坏园林，抢夺文物。由于人民的保护，今天，铜牛才得以在昆明湖东堤岸边，向广大游人展示。

安徽当涂牛渚山

牛渚山又名牛渚矶。在安徽当涂县西北二十里处，一名采石。《元和郡县志·江南道》："牛渚山，在县（当涂）北三十五里，山突出江中，谓之掉渚圻，津渡处也。始皇二十七年，东巡会稽，道由丹阳至钱塘，即从此渡也。晋左卫将军谢尚镇于此。温峤至牛渚，燃犀照渚灵怪，亦在于此。"唐杜牧《和州绝句》："江湖醉度十年春，牛渚山边六问津。"宋王安石《牛渚》诗："历阳之南有牛渚，一风微吹万舟阻。"它和岳阳城陵矶、南京燕子矶，合称"长江三矶"。以山势险峻、风光绮丽闻名，素有“千古一秀”之誉。

河北鹿泉抱犊寨

古时称为萆山，即汉将韩信伐赵之战中，令军卒“人持一旗帜，从间道萆山而望赵军”的地方。抱犊之名，据说在北魏葛荣起义时，当地人为避战乱，抱犊上山，因此才有了抱犊之名。山的四面都是峭壁，山路很险，而山顶上又有600多亩耕地，所以民间又有“抱犊上山，养大耕田”的说法。而实际在早于北魏，作于两晋时期的《玉匮》中，即有“抱犊山”的记载。“抱犊”与“寨”相连，是在金末元初时，金将武仙在山顶屯兵建寨，抗击蒙古军队，这样此山便有了“寨”的名称。

云南陆良牛头山

牛头山是地理学上一块古陆，最高海拔2493米。牛头山腰昔有古刹真庆宫，又称天竺寺，俗称牛首山寺，为云南道教圣地，与武当山真庆宫为伯仲。此寺建于明永乐年间，宽宏古朴，以后历代均有修葺。民国初期，道教徒郑芝荣主持重修，全寺规模体制一遵道教规定，和县城南门外真武观同为道教名寺。陆良八景之一的“牛山清暑”即此地。

牛头山腰又有“古迹”“牛山古寨”。今天，牛山古寨既是历史学家考古的对象，也是游人览胜探奇的好去处。

河南南阳伏牛山

伏牛山在河南省西南部，为秦岭东段的支脉，长约400公里，海拔1000米左右，主峰是素有“中原极顶”之称的白云山，海拔2216米。伏牛山是著名的暴雨区，主要景观有伏牛山世界地质公园，国家5A级景区尧山及老君山、宝天曼、老界岭等。奇峰俊秀，白云悠悠，瀑布飞跃，林深谷幽，风景独秀。唐朝薛能曾描述伏牛山：“虎踞峰状屈名牛，落日连村好望秋。不为时危耕不得，一黎风雨便归休。”

河南开封镇海铁犀

镇河铁犀在河南省开封市许铁牛村。铁犀高2.04米，围长2.66米，坐南向北，面河而卧。它浑身乌黑，独角朝天，双目炯炯，造型雄健。镇河铁犀也叫镇河铁牛。之所以用铁犀镇水，有两种解释：一种说法是，“铁者金也，为水之母，子不敢与母斗”；另一种说法是“犀为神牛，牛能耕田，属坤兽，坤在五行中为土，土能克水”。

镇海铁犀是明朝河南巡抚于谦为镇降黄河洪水灾害而建，距今有600多年的历史，背上铸有于谦撰写的《镇河铁犀铭》。

安放铁犀的铁牛村后来又经历了两次洪水，回龙庙被大水夷为平地，但铁犀始终没有被冲走。1940年，侵华日军将铁犀掠至开封城，想把铁犀熔化后制造军火。铁牛村村民奋力抗争，最终设法把铁犀保护了起来。

湖南邵阳龙桥铁犀

邵阳龙桥铁犀是指以青龙桥和置于桥墩的铁犀为中心的水域、市街所构成的景区。青龙桥是横跨邵水的交通要道，唐代乾宁年间已建木桥，屡毁于水灾。南宋理宗宝庆初（1225年前后）郡守宋仲锡改木桥为石墩桥，并置铁犀于中墩上游，以镇水怪。铁犀牛独角狰狞，姿态英伟。元代诗人鞠志元写道：“百尺青龙跨碧湍，铁犀光映玉栏杆。”出水铁犀现安置在双清公园大门内喷水池中，供游人观赏。

浙江海宁镇海铁牛

镇海铁牛始铸于清雍正八年，原有五座，乾隆五年（1740年）又铸四座，分别置于钱塘江北侧沿岸。其前蹄内跪，牛腿坐地，造型逼真，形态自如。当时有一种说法：水牛克水，以牛治水，使怒潮不再成为祸害。可惜的是那对铁牛毁于“文革”，1986年6月为了恢复“镇海铁牛”这一景观，文物部门根据资料重新设计铸造了这对铁牛，分别置于占鳌塔东西两侧，新铸的铁牛上仍保留了铁牛铭：“唯金克木蛟龙藏，唯土制水鬼蛇降，铸犀作镇奠宁塘，安澜永庆报圣恩。”

湖南茶陵浦铁犀

来到湖南茶陵，必看茶陵铁犀。茶陵铁犀是南宋绍定五年（1232）铸成的。茶陵城刚竣工就被洪水冲垮了一段，于是县令刘子迈“抬铁数千斤，铸为犀置江岸以杀水势”。

茶陵铁犀有三奇：

第一奇，把犀铸成了独角牛。有人说，是因为工匠没见过犀，才把犀铸成牛。民间传说却另有一说：工匠们对县令刘子迈为民办事之举很受感动，把犀铸成“独角牛”，比喻刘子迈这位清官像牛一样为老百姓做好事，是老百姓的朋友。

第二奇，洪水不淹其头。茶陵铁犀昂头跪伏，栩栩如生，仿佛随时腾跃而起，与敢于兴风作浪的河妖决一死战。河妖惧于它的威严，所以不敢兴风作浪，涨洪水也淹不过铁犀的头。科学家说，铁犀是古人铸成预报水位的，洪水若淹过铁犀的头，就要淹进城门了。

第三奇，历经近八百年风风雨雨，仍不锈不斑，锃光发亮。

扬州邵伯镇水铁牛

卧蹲于斗野亭北的邵伯镇水铁牛铸于清康熙年间，距今已有300多年。据说康熙三十八年夏秋，黄河、淮河发大水，高堰失守，邵伯更楼（今南塘）被洪水冲决。河道总督张鹏翮采纳他人的建议，从康熙四十年（1701年）端午节开铸，共铸16具，每具四五千斤。后分别安置在淮河、黄河、运河等处用以镇水。饱经风霜的邵伯铁牛在邵伯人心目中地位崇高，邵伯人亲切地称铁牛为干妈妈。

北京市西城区牛街

牛街是北京市西城区牛街街道内北起广安门内大街南至南横街的一段街道，因为这条街上回族聚居而闻名，亦因为在这条街上拥有牛街礼拜寺而闻名于世，其是北京规模最大、历史最久的清真寺。

牛街礼拜寺建筑别具特色，建筑集中对称，主体建筑有礼拜殿、唤礼楼、望月楼和碑亭等。主体建筑礼拜殿坐西朝东，面向圣地麦加。殿宇宽敞，殿内圣龛遍雕阿拉伯文和各种花卉图案。礼拜殿古朴肃穆，可容纳千人礼拜。唤礼楼是一座歇山顶重檐方亭建筑；望月楼平面呈六角形，重檐攒尖顶，构件装饰带有浓厚的伊斯兰教风格。内有明弘治（1496年）年用汉阿两种文字撰刻的《敕赐礼拜寺记》，记载了重修礼拜寺的经过。牛街清真寺是中国传统建筑形式和阿拉伯建筑风格相结合的代表。

牛街这个名称的历史远没有这条街悠久，其始建于北宋至道二年（996年）由外籍伊斯兰教人士那速鲁丁创建，明正统七年（1442年）扩建，清康熙三十五年（1696年）大修，康熙皇帝亲笔题额“礼拜寺”，自此牛街称为礼拜寺，以便和其他清真寺区别。清朝末年，因牛街在庚子之变中较为安定，慈禧太后曾经颁诏将其改名为“太平街”。历史上这里是唐幽州城和辽南京、金中都城的中心，过去曾名“东湖柳村”；因地势比较高，又叫“冈上”。明张爵所著《京师五城坊巷胡同集》中称“礼拜寺”街，清代称牛街。

昆明西山孝牛泉

昆明西山三清阁附近有一石井，山崖石隙滴水成泉，名孝牛泉。泉边卧一石牛，方形泉眼中还有一小牛。《昆明县志》记载：“明嘉靖初年，道士赵炼居此，苦无水，以牛载汲，垂二十余年矣，一日牛忽死，其处即陷为井，水味甘洌，虽暑不竭。”以后又引申出孝牛泉的民间故事。

据说明朝昆明牛屠赵五，买了母牛及牛犊。一日磨好刀，绑翻母牛欲杀，忽听门外有人叫，他放下刀开门，未见人影。返身不见屠刀，只见牛犊跪对母牛垂泪。屠夫疑惑，拉起小牛，见刀藏于小牛腹下。赵五拿起屠刀，牛犊泪如泉涌，望着母牛哀鸣。此情景令赵五心颤手抖，顿生怜悯之心，自愧以屠为生，不如牛犊有孝心，于是放下屠刀，牵母牛和小牛到三清阁出家修道。到了三清阁，母牛渴了，小牛犊以角抵舌舔石崖，穿石成井，井成泉涌，母牛喝上甘泉。此泉称为孝牛泉。

英国牛津大学

牛津大学是英国最古老的大学。它位于伦敦西北泰晤士河上游的牛津城，旧时当地牛群可涉水而过，故名“牛津”。

牛津共有39个学院，每一所学院都各自拥有相当自主的管理权力。

牛津大学享有世界声誉，九个世纪以来一直是全英国乃至世界级的顶尖学府，以自然科学和应用科技学、商务管理、哲学等领域的不断进取与创新震撼整个世界，同时也以丰富多样的教学方法声名远扬，培养出一代代堪称天之骄子的牛津精英。

北京颐和园中的铜牛

第五章　牛人牛事

一、牛姓名人

牛邯：狄道（今甘肃临洮）人，东汉名将，才气勇力俱全，雄威边陲，官护羌校尉，后擢大中大夫。

牛弘：北周时，专掌文书，修起居注。隋文帝即位后，授散骑常侍、秘书监。牛弘鉴于前朝纷乱，南北分离，图籍大量流失，遂上书建议搜访图籍，开献书之路。文帝于是下诏，凡献书一卷，奖缣一匹。不到两年，图书渐出。又设专人抄录副本，原本或归本人，或由国家珍藏。牛弘也因此晋爵奇章郡公。开皇三年（583年），拜礼部尚书，请修明堂，定礼乐制度。又奉敕修撰《五礼》百卷，从此儒家文化复兴。牛弘又任吏部，掌选举用人，倡先德行而后人才，众咸服之。牛弘生活俭朴，侍奉皇帝尽礼，对待下属以仁厚，不善言谈而恪尽职守。政务繁杂，仍书不释手。大业六年（610年），死于江都。有文集传世。灵台县荆山森林公园有三贤祠，其中供奉的三位贤人中就有牛弘。

牛畜：战国时赵国的贤达之士。赵国的国君叫赵籍，思贤若渴，是个年轻有为的君王。有一天，他问相国公仲连："爱卿，你很好贤，做相国已四年多了，你曾经推荐过贤人吗?"公仲连回答说："没有，臣下一定尽力物色。"当时有个叫番吾君的人，听说公仲连正为国君物色贤达之士，就向公仲连竭力推荐牛畜等三人，说了他们许多优点。公仲连就接见了牛畜等三人，又加以认真了解考察后，向国君正式举荐了他们。赵王在召见牛畜时，牛畜用仁义之道教授君王，又用帝王之道约束他。君王欣然而听，遂以牛畜为师傅。

牛仙客：唐代泾州鹑觚县人（今甘肃平凉），隋人牛弘后裔，唐代名臣。唐玄宗因其治理河西时厉行节约，积蓄财物，充实河西力量，政绩显著，先后升任工部尚书、同中书门下三品，位居宰辅。牛仙客担任宰相期间，处世待人，谨小慎微。后被封为国公，其父牛意赠官礼部尚书，祖父牛会赠官沧州刺史，满门显贵，荣耀一时。

牛僧儒：字思黯，陇西狄道（今甘肃临洮）人，隋牛弘后裔。牛僧儒一生历经唐德宗至唐宣宗八代，数任宰相，前后凡四十年遂为一代名噪史籍之宰相。一生博学多闻，酷好文学，和当时著名诗人白居易、刘禹锡经常往来，并以表怪体撰著大量艺文集名《玄怪录》。

牛皋：河南省鲁山县人。出身射士，精通武功。北宋末年，朝政腐败，金兵入侵中原，牛皋组织义军，奋勇抵抗，屡屡取胜。由于战功卓著，先后任荥州刺史、安州观察使等要职。绍兴三年（1133年），岳飞统制江西、湖北军务时，牛皋奉命加入岳家军。岳飞一见牛皋，甚为欢喜，即命牛皋为唐、邓、襄、郢四州的安抚使。岳飞出任神武后军都统后，随即又任牛皋为中部统领。在历次作战中，牛皋勇当先锋，战功显赫。出生入死，为收复中原失地立下了汗马功劳。秦桧害死抗金民族英雄岳飞后，十分惧怕岳飞部将牛皋，为了斩草除根，解除心腹之患，就处心积虑置牛皋于死地。绍兴十七年（1147年）农历三月初三，秦桧密令都统制田师中，以宴请各路大将为名，用毒酒将牛皋害死。牛皋临死前悲愤地说："皋年六十一，官至侍从，幸不啻足，所恨南北通和，不以马革裹尸，故死牖下耳！"其忧国忧民的情怀真可说是惊天地、泣鬼神。

牛金星：字启东，河南宝丰人。明朝嘉靖举人。自小天资聪颖，满腹文才，常抱经邦济世之志。农民起义军领袖李自成对他十分仰慕，牛金星带领全家老少加入了起义军，他的博学多才，精于计谋，很快得到李自成的赏识和重用，成为起义军的一名重要谋士。1644年3月19日，农民起义军打进北京，李自成在牛金星、刘宗敏等文武官员的陪同下，从大明门进入皇城。李自成等将领进京后，被胜利冲昏了头脑，迅速腐败堕落。牛金星得意忘形，录用降人，皆以"金星目瞩之力为衡"。4月29日，李自成在清军先头部队已进入北京近郊时，却匆匆在武英殿举行即位大典，由已授为天佑阁大学士的牛金星代行祭天礼。即位后第二天，起义军即被迫放弃京城，从此节节败退。李自成领导的农民起义军在中国历史上写下了一曲悲惨的壮歌，牛金星也从自己辉煌的顶点跌到了谷底，有人说他逃亡不知下落，有人说他后来与儿子一起投降了清廷。

伊萨克·牛顿（1643－1727），英国伟大的数学家、物理学家、天文学家和自然哲学家，同时也是一个神学爱好者。

牛顿被誉为人类历史上最伟大的科学家之一，他著有《自然哲学的数学原理》《光学》。

1687年发表的论文《自然定律》里，他对万有引力和三大运动定律进行了描述，这些描述奠定了此后三个世纪里的物理世界的科学观点，并成了现代工程学的基础。他通过论证开普勒行星运动定律与他的引力理论间的一致性，展示了地面物体与天体的运动都遵循着相同的自然定律，为太阳中心论提供了强有力的理论支持，并推动了科学革命。

在力学上牛顿阐明了动量的守衡原理。在光学上，他发明了反射望远镜，并基于三棱镜将白光发散成可见光谱的观察，发展出了颜色理论。他还系统地表述了冷却定律，并研究了音速。

在数学上，牛顿与戈特弗里德·威廉·莱布尼茨分享了微积分的荣誉。

牛顿的墓志上铭刻着："他那几乎神一般的思维，最先说明了行星的运动和图像，彗星的轨道和大海的潮汐。"

二、牛年出生的中国名人

贾谊（前200－前168），汉族，洛阳人。西汉初年著名的政论家、文学家。18岁即有才名，年轻时由河南郡守吴公推荐，20余岁被文帝召为博士。不到一年被破格提为太中大夫。但是在23岁时，因遭群臣忌恨，被贬为长沙王的太傅。后被召回长安，为梁怀王太傅。梁怀王坠马而死后，贾谊深感歉疚，直至33岁忧伤而死。其著作主要有散文和辞赋两类。散文如《过秦论》《论积贮疏》《陈政事疏》等都很有名；辞赋以《吊屈原赋》《鹏鸟赋》最著名。

刘启（前188—前141），汉景帝，是汉文帝刘恒的长子，母亲是汉文帝皇后窦氏（即窦太后），汉惠帝七年（前188年）生于代地中都（今山西平遥县西南），公元前157—前141年，在位16年，享年48岁，谥孝景皇帝，安葬于阳陵。刘启在位期间，继续实行汉文帝“轻徭薄赋，休养生息”政策，削诸侯封地，平定吴楚七国之乱，巩固中央集权，勤俭治国，发展生产，使汉朝经济逐渐繁荣，他与其父汉文帝合称为文景之治。

霍去病（前140—前117），汉族，河东郡平阳县（今山西临汾西南）人。中国西汉武帝时期的杰出军事家，是名将卫青的外甥，任大司马骠骑将军。元狩二年（前121年）春、夏两次率兵出击占据河西走廊及湟水流域地区的匈奴部，歼敌4万余人。同年秋，奉命迎接率众降汉的匈奴浑邪王，在部分降众变乱的紧急关头，率部驰入匈奴军中，斩杀变乱者，稳定了局势，浑邪王得以率4万余众归汉。从此，汉朝控制了河西地区，打通了西域道路。元狩四年（前119年）春，汉武帝命卫青、霍去病（22岁）各率骑兵5万分别出定襄和代郡，深入漠北，寻歼匈奴主力。霍去病率军北进两千多里，越过离侯山，渡过弓闾河，与匈奴左贤王部接战，歼敌70400人，俘虏匈奴屯头王、韩王等3人及将军、相国、当户、都尉等83人，乘胜追杀至狼居胥山（今蒙古境内），兵锋一直逼至瀚海（今贝加尔湖）。经此一战，“匈奴远遁，而漠南无王庭”。他好骑射，用兵灵活，注重方略，不拘古法，勇猛果断，每战皆胜，深得汉武帝信任。霍去病多次率军与匈奴交战，在他的带领下，匈奴被汉军杀得节节败退，霍去病也留下了“封狼居胥”的佳话，与卫青并誉为帝国双璧，并留下了“匈奴未灭，何以家为”的千古名句。元狩六年（公元前117）卒，年仅24岁。

刘备（161—223），即蜀汉昭烈帝，字玄德，涿郡涿县（今河北涿州）人，汉中山靖王刘胜的后代，三国时期蜀汉开国皇帝。早年丧父，家境贫寒，与母亲以贩草鞋、织草席度日。他为人谦和，礼贤下士，宽以待人，志向远大，知人善用，素以仁德为世人称赞，招揽了一大批至死不渝的忠志之士（如关羽、张飞、糜竺、简雍、孙乾等），三顾茅庐始得诸葛亮辅佐，后与孙权联合大败曹操于赤壁，得到益州与汉中，并自立为汉中王，他是三国时期著名的政治家，公元223年病重托孤于诸葛亮，谥号昭烈帝，庙号烈祖，史家又称他为先主。

邓艾（197—264），字士载，义阳棘阳（今河南新野）人。三国时期魏国杰出的军事家、将领，其才能可比诸葛亮与司马懿。邓艾在战争中目光远大，见解超人，具有难得的战略头脑。作战中料敌先机，始终能掌握战场的主动权，在与姜维的数次交战中未尝败绩。公元263年他与钟会分别率军攻打蜀汉，最后他率先进入成都，使得蜀汉灭亡。其偷渡阴平一役，堪称中国战争史上历次入川作战中最出色的一次，已作为军事史上的杰作而载入史册。后因遭到钟会的污蔑和陷害，遭司马昭猜忌而被收押，最后与其子邓忠一起被卫瓘派遣的武将田续所杀害。

顾恺之（348—409），字长康，小字虎头，晋陵无锡（今江苏无锡）人。顾恺之博学有才气，工诗赋、书法，尤善绘画。精于人像、佛像、禽兽、山水等，时人称之为三绝：画绝、文绝和痴绝。谢安深重之，以为苍生以来未有之。与曹不兴、陆探微、张僧繇合称“六朝四大家”。顾恺之作画，意在传神，其“迁想妙得”“以形写神”等论点，为中国传统绘画的发展奠定了基础。著有《论画》《魏晋胜流画赞》《画云台山记》，其中迁想妙得、以形写神等论点，对中国画的发展，有很大影响。

陶渊明（约365—427），字元亮，号五柳先生，世称靖节先生，入刘宋后改名潜。东晋末期南朝宋初期诗人、文学家、辞赋家、散文家。今江西省九江市人。曾祖父陶侃，是东晋开国元勋。陶渊明少年时期有“猛志逸四海，骞翮思远翥”的大志，孝武帝太元十八年（393年），他怀着“大济苍生”的愿望，任江州祭酒。当时门阀制度森严，他出身庶族，受人轻视，感到“不堪吏职，少日自解归”，遂授印去职。陶渊明十三年的仕宦生活，自辞彭泽县令结束。这十三年，是他为实现“大济苍生”的理想抱负而不断尝试、不断失望、终至绝望的十三年。最后赋《归去来兮辞》，表明与上层统治阶级决裂，不与世俗同流合污的决心。他是中国第一位田园诗人。相关作品有《饮酒》《归园田居》《桃花源记》《五柳先生传》《归去来兮辞》等，被誉为“千古隐逸之宗”。

杨广（569年—618），是隋朝的第二任皇帝隋炀帝。少敏慧，好学善诗文，仪容俊美。开皇元年（581年），立为晋王。仁寿四年（604年）七月文帝病逝于仁寿宫大宝殿，太子广即皇帝位，次年改元大业，拉开了其波澜壮阔而又毁誉难定的一生。杨广即皇帝位，假造文帝遗诏缢杀前太子杨勇。其弟汉王杨谅以讨杨素为名，在并州起兵，炀帝派杨素镇压，杨谅降后被幽禁至死。此后不久，炀帝听从云定兴建议毒死杨勇诸子，消除了他们对帝位的威胁。公元618年3月，宇文化及等煽动军士兵变谋反，炀帝死于江都之变。他在位期间修建大运河，营造东都洛阳城，开拓疆土畅通丝绸之路，推动大建设，开创科举，亲征吐谷浑，三征高句丽等。

孙思邈（581—682），唐朝京兆华原（今陕西铜川市耀州区）

人，享年一百〇二岁（有的考证活了一百四十一岁）。是著名的医师与道士，是中国乃至世界史上伟大的医学家和药物学家，被后人誉为“药王”“医神”。他自幼聪明过人，日诵千言。他通晓诸子百家，博涉经史学术，兼通佛典，对古典医学有深刻的研究，对民间验方十分重视，一生致力于医学临床研究，对内、外、妇、儿、五官、针灸各科都很精通，有二十四项成果开创了我国医药学史上的先河，特别是论述医德思想、倡导妇科、儿科、针灸穴位等都是先人未有。孙思邈医德高尚，淡泊名利，勤于著书，直至白首之年，未尝释卷。一生著书80多种，其中以《千金药方》《千金翼方》影响最大，两部巨著60卷，药方论6500方，是唐代以前医药学成就的系统总结。唐太宗李世民赞孙思邈“凿开径路，名魁大医。羽翼三圣，调合四时。降龙伏虎，拯衰救危。巍巍堂堂，百代之师”。宋徽宗敕封为“妙应真人”，被后世尊称为“药王”。

孟浩然（689—740），唐代诗人，孟子第33代，今湖北襄阳人，世称“孟襄阳”。少好节义，喜济人危难，工于诗。40岁游京师，应进士不第，返襄阳。在长安时，与张九龄、王维交谊甚笃。后漫游吴越，穷极山水，以排遣仕途的失意。孟浩然诗歌绝大部分为五言短篇，多写山水田园和隐逸、行旅等内容。他在艺术上有独特造诣，而且是继陶渊明、谢灵运、谢朓之后，开盛唐田园山水诗派之先声。生活气息浓厚，富有超妙自得之趣。如《秋登万山寄张五》《过故人庄》《春晓》等篇，淡而有味，浑然一体，韵致飘逸，意境清旷。李白诗云：“吾爱孟夫子，风流天下闻，红颜弃轩冕，白首卧松云。醉月频中圣，迷花不事君，高山安可仰，徒此揖清芳。”

李白（701—762），字太白，号青莲居士，生活在盛唐时期，性格豪迈，热爱祖国山河，游踪遍及南北各地，写出大量赞美名山大川的壮丽诗篇，是唐朝最伟大的浪漫主义诗人，有“诗仙”之称。李白二十五岁时只身出蜀，开始了广泛漫游。结交了不少名流，创作了大量优秀诗篇。李白不愿应试做官，希望依靠自身才华，通过他人举荐走向仕途，但一直未得人赏识。直到天宝元年（742年），因道士吴筠的推荐，李白被召至长安，供奉翰林，他文章风采名震天下，后因不能见容于权贵，在京仅三年，就弃官而去，仍然继续他那飘荡四方的流浪生活。安史之乱发生的第二年（756年），他感愤时艰，曾参加了永王李璘的幕府。不幸，永王与肃宗发生了争夺帝位的斗争，兵败之后，李白受牵连，被流放夜郎（今贵州境内），途中遇赦写下《早发白帝城》。晚年漂泊东南一带，投奔族叔当涂县令李阳冰，不久即病逝。李白的诗歌存世诗文千余篇，代表作有《蜀道难》《将进酒》等诗篇，有《李太白集》传世，对后代产生了极为深远的影响。中唐的韩愈、孟郊、李贺，宋代的苏轼、陆游、辛弃疾，明清的高启、杨慎、龚自珍等著名诗人，都受到李白诗歌的巨大影响。

王维（701—761），字摩诘，祖籍山西祁县，唐朝诗人，有“诗佛”之称。王维精通佛学，受禅宗影响很大。他青少年时期即拥有文学才华。开元九年（721年）中进士第，为大乐丞。天宝中，王维的官职逐渐升迁。安史之乱前，官至给事中。王维在诗歌上的成就是多方面的，无论边塞诗、山水诗、律诗还是绝句等都有流传人口的佳篇。他的诗句被苏轼称为“味摩诘之诗，诗中有画，观摩诘之画，画中有诗”。在描写自然景物方面，有独到的造诣，无论是名山大川的壮丽宏伟，或者是边疆关塞的壮阔荒寒，小桥流水的恬静，都能准确、精练地塑造出完美无比的鲜活形象，着墨无多，意境高远，诗情与画意完全融合成为一个整体。与孟浩然合称为“王孟”。

怀素（725－785），唐朝人，字藏真，僧名怀素，俗姓钱，湖南零陵人。幼年好佛，出家为僧。怀素自幼聪明好学，他在《自叙帖》里开门见山地说：“怀素家长沙，幼而事佛，经禅文暇，颇喜笔翰。”他爱好书法勤学苦练的精神是十分惊人的。因为买不起纸张，怀素就找来一块木板和圆盘，涂上白漆书写。后来，怀素觉得漆板光滑，不易着墨，就又在寺院附近的一块荒地，种植了一万多株的芭蕉树。芭蕉长大后，他摘下芭蕉叶，铺在桌上，临帖挥毫。由于怀素没日没夜地练字，老芭蕉叶摘光了，小叶又舍不得摘，于是想了个办法，干脆带了笔墨站在芭蕉树前，对着鲜叶书写，就算太阳照得他如煎似熬，刺骨的北风冻得他手肤迸裂，他还是继续坚持不懈地练习不止。他的草书用笔圆劲有力，使转如环，奔放流畅，一气呵成，被称为“狂草”，是书法史上领一代风骚的草书家，与唐代另一草书家张旭齐名，人称“张颠素狂”或“颠张醉素”。

柳宗元（773－819），字子厚，世称“柳河东”，“河东先生”，唐代著名文学家、思想家，唐宋八大家之一。柳宗元与韩愈同为中唐古文运动的领导人物，并称“韩柳”。在中国文化史上，其诗、文成就均极为突出。柳宗元出身于官宦家庭，少有才名，早有大志。早年为考进士，文以辞采华丽为工。贞元九年（793）中进士，后入朝为官，积极参与政治革新。永贞元年（805）九月，革新失败，贬邵州刺史，十一月加贬永州司马。元和十年（815）春回京师，不久再次被贬为柳州刺史，政绩卓著。后卒于柳州任所。柳宗元一生留诗文作品达600余篇，其文的成就大于诗。其诗多抒写抑郁悲愤、思乡怀友之情，幽峭峻郁，自成一路。最为世人称道者，是那些情深意远、疏淡峻洁的山水闲适之作。骈文有近百篇，散文论说性强，笔锋犀利，讽刺辛辣。游记写景状物，多所寄托。其作品由唐代刘禹锡保存下来，并编成集，有《柳河东集》《柳宗元集》。

范仲淹（989－1052），字希文，唐朝宰相范履冰的后人，北宋著名的政治家、思想家、军事家和文学家，世称“范文正公”。他为政清廉，体恤民情，刚直不阿，力主改革，屡遭奸佞诬谤，数度被贬。1052年（皇祐四年）五月二十日病逝于徐州，终年64岁。是年十二月葬于河南伊川万安山，谥文正，封楚国公、魏国公。有《范文正公全集》传世。范仲淹文学素养很高，写有著名的《岳阳楼记》，其中“先天下之忧而忧，后天下之乐而乐”为千古名句。也留下了众多脍炙人口的词作，如《渔家傲》《苏幕遮》，苍凉豪放，感情强烈，为历代传诵。

苏轼（1037－1101），字子瞻，又字和仲，号东坡居士，世称“苏东坡”，北宋著名散文家、书画家、文学家、词人、诗人，是豪放派词人的主要代表。他和父亲苏洵、弟弟苏辙合称为唐宋八大家中的“三苏”。他在文学艺术方面堪称全才。其文汪洋恣肆，明白畅达；诗清新豪健，善用夸张比喻，在艺术表现方面独具风格，与黄庭坚并称苏黄；词开豪放一派，对后代很有影响，与辛弃疾并称苏辛；书法擅长行书、楷书，能自创新意，用笔丰腴跌宕，有天真烂漫之趣，与黄庭坚、米芾、蔡襄并称宋四家；画学文同，喜作枯木怪石，论画主张神似。著有《苏东坡全集》和《东坡乐府》等。苏轼散文著述宏富，文章风格平易流畅，豪放自如。是继欧阳修之后主持北宋文坛的领袖人物，享有巨大的声誉，一时与之交游或接受他的指导者甚多，北宋文学家黄庭坚、秦观、晁补之和张耒都曾得到他的培养、奖掖和荐拔，故称苏门四学士。

孝庄文皇后，（1613－1688），博尔济吉特氏，名布木布泰，亦作本布泰，蒙古科尔沁部人。天命十年（1625年），13岁的布木布泰嫁给努尔哈赤第八子皇太极。崇德元年（1636年），皇太极改号称帝，布木布泰受封为永福宫庄妃。崇德三年，生下皇九子福临。崇德八年，皇太极逝世，多尔衮拥立其子福临即位，年号顺治。尊庄妃为皇太后。她是中国历史上有名的皇太后和太皇太后，一生培育、辅佐顺治、康熙两代君主，是清初杰出的女政治家，为清初的繁荣和稳定立下了汗马功劳。

顾炎武（1613－1682），本名继坤，改名绛，字忠清，南都败后，改炎武，江苏昆山人。青年时发愤为经世致用之学，并参加昆山抗清义军，败后漫游南北，曾十谒明陵。晚年治经重考证，开清代朴学风气。他学识渊博，在经学、史学、音韵、小学、金石考古、方志舆地以及诗文诸学上，都有较深造诣，建树了承前启后之功，被称作是清朝“开国儒师”“清学开山”始祖。开启了一代朴实学风的先路，给予清代学者以极为有益的影响。他还提倡“利国富民”，并认为“善为国者，藏之于民”。他大胆怀疑君权，并提出了具有早期民主启蒙思想色彩的“众治”主张。他所提出的“天下兴亡，匹夫有责”这一口号，意义和影响深远，成为激励中华民族奋进的精神力量。

谭嗣同（1865－1898），湖南浏阳人，是中国近代资产阶级著名的政治家、思想家，维新志士，为“戊戌六君子”之一。他主张中国要强盛，只有发展民族工商业，学习西方资产阶级的政治制度。公开提出废科举、兴学校、开矿藏、修铁路、办工厂、改官制等变法维新的主张，并写文章抨击清政府的卖国投降政策。1898年变法失败后谭嗣同被捕入狱，在狱中，谭嗣同泰然自若，题诗于壁曰："望门投止思张俭，忍死须臾待杜根。我自横刀向天笑，去留肝胆两昆仑。"1898年9月28日谭嗣同等六君子被杀害于北京菜市口，时年仅33岁。他的那种愿以颈血刷污政和视死如归的精神不仅直指清朝政府的腐败和黑暗，同时也为人民树立了一座不朽的丰碑，让后人永远敬仰。

张学良（1901－2001），"中华民国"陆军一级上将，曾发动震惊中外的"西安事变"，周恩来对其评价是："民族英雄、千古功臣"。字汉卿，号毅庵，汉族，籍贯辽宁海城，祖籍河北大城。1901年6月3日出生于辽宁省台安县九间乡鄂家村张家堡屯，人称"少帅"，奉系军阀首领张作霖的长子，他风流倜傥，是民国四大美男子之一。

陈毅（1901－1972），名世俊，字仲弘，四川乐至人，中国共产党的优秀党员，久经考验的忠诚的共产主义战士，伟大的无产阶级革命家、政治家、军事家、外交家、诗人；中国人民解放军的创建者和领导者之一，中华人民共和国十大元帅之一，党和国家的卓越领导人。新中国第一任上海市市长。

徐向前（1901－1990），中国共产党的优秀党员，久经考验的无产阶级革命家、政治家、军事家，忠诚的共产主义战士，中国人民解放军的缔造者之一，中华人民共和国十大元帅之一，党和国家卓越的领导人。

习仲勋（1913－2002），中华人民共和国政治家，中国共产党的优秀党员，伟大的共产主义战士，杰出的无产阶级革命家，我党、我军卓越的政治工作领导人，陕甘边区革命根据地的主要创建者和领导者之一，国务院原副总理，中国共产党第十一届中央委员会书记处书记，第十二届中央政治局委员、书记处书记，第五、第七届全国人民代表大会常务委员会副委员长。

三、牛年出生的外国名人

理查一世：理查德（1157－1199），继任英王之位后称“理查一世”。因其在战争中总是一马当先，犹如狮子般勇猛，因此得到“狮心王”的称号。在10年国王生涯中，几乎全部时间都花在戎马弓刀之上，他参与过包含丨字军东征之内的许多战争，而他的军事表现也使他成为中世纪最杰出的军事指挥官之一。

但丁（1265－1321），意大利中世纪诗人，出生于意大利佛罗伦萨的一个没落的贵族世家，担任过佛罗伦萨最高行政长官，后因政治原因被当局流放，终身再未回到佛罗伦萨。也正是这种经历，使他完成了举世闻名的代表作品《神曲》，这部作品通过作者与地狱、炼狱及天国中各种著名人物的对话，反映出中古文化领域的成就和一些重大的问题，带有“百科全书”性质，从中也可隐约窥见文艺复兴时期人文主义思想的曙光。在这部长达一万四千余行的史诗中，但丁坚决反对中世纪的蒙昧主义，表达了执着地追求真理的思想，被誉为中世纪文学的巅峰之作，并作为文艺复兴时期的先声之作，对欧洲后世的诗歌创作有极其深远的影响，与莎士比亚、歌德并称为世界三大文学巨匠。

乔万尼·薄伽丘（1313－1375），意大利文艺复兴运动的杰出代表，人文主义者。代表作《十日谈》批判宗教守旧思想，主张"幸福在人间"，被视为文艺复兴的宣言。他才华横溢，既以短篇小说、传奇小说蜚声文坛，又擅长写叙事诗、牧歌、十四行诗，在学术著述上也成就卓著。

拿破仑·波拿巴（1769－1821），是法国近代资产阶级军事家、政治家、数学家。法兰西共和国第一执政，法兰西第一帝国皇帝，意大利国王，莱茵联邦保护人，瑞士联邦仲裁者，人称"奇迹创造者"。曾经征服和占领过西欧和中欧的广大领土。拿破仑9岁时就到法国布里埃纳军校接受教育。1784年以优异成绩毕业后，被选送到巴黎军官学校，后随部队驻防各地并崭露头角。1796年被任命为法兰西共和国意大利方面军总司令，率领军队多次击退了第一次反法同盟联军。取得意大利之役的胜利后，拿破仑的威信越来越高，他成为法兰西共和国人民的新英雄。1799年11月9日，拿破仑发动了雾月政变并获得成功，成为法兰西共和国第一执政，实际为独裁者。拿破仑之后进行了多项政治、教育、司法、行政、立法、经济方面的重大改革，其中最著名并且直到今天依然有重要影响的《拿破仑法典》，在1804年正式实施，即使是在一个多世纪后依然是法兰西共和国的现行法律。另外，拿破仑还确定了保留至今的国民教育制度，以及法国荣誉军团制度。1802年8月，拿破仑修改共和八年宪法，改为终身执政。1804年11月6日，公民投票通过共和十二年宪法，法兰西共和国改为法兰西帝国，拿破仑·波拿巴为法兰西人的皇帝，称拿破仑一世。

安徒生（1805－1875），丹麦19世纪著名童话作家，世界文学童话创始人。他生于欧登塞城一个贫苦的鞋匠家庭，童年生活贫苦，早年在慈善学校读过书，当过学徒工。受父亲和民间口头文学影响，他自幼酷爱文学。11岁时父亲病逝，母亲改嫁。为追求艺术，他14岁时只身来到首都哥本哈根。安徒生文学生涯始于1822年。早期主要撰写诗歌和剧本。进入大学后，创作日趋成熟。曾发表游记和歌舞喜剧，出版诗集和诗剧。“为了争取未来的一代”，安徒生决定给孩子写童话，出版了《讲给孩子们听的故事》。此后数年，每年圣诞节都出版一本这样的童话集。作品中大量运用丹麦下层人民的日常口语和民间故事的结构形式。语言生动、自然、流畅、优美、优雅，充满浓郁的乡土气息。他的作品已经被译为150多种语言，成千上万册童话书在全球陆续发行出版。他的童话故事还激发了大量电影、舞台剧、芭蕾舞剧以及电影动画的制作。

尼赫鲁（1889－1964），印度独立后首任总理、圣雄甘地的忠实信徒，其培育的尼赫鲁王朝至今影响印度政坛。尼赫鲁也是第三世界不结盟运动创始人之一。1889年诞生于阿拉哈巴德的婆罗门贵族家庭。1905年就读于英国哈罗公学，两年后入剑桥大学三一学院，三年后获自然科学荣誉学位。后又进入伦敦内殿法学会，1912年获律师资格。同年回国，在阿拉哈已德高等法院任律师，并投入争取印度独立的政治运动。1916年5月国大党年会上他第一次遇到甘地，甘地坚持反英斗争的行动使他很感动。1918年起任国大党全国委员会委员。1920年参加甘地领导的非暴力不合作运动。1923年、1927年先后两次任国大党总书记各两年。1926—1927年尼赫鲁游历了欧洲和苏联，受到马克思主义和苏联社会主义建设的影响。1928年与鲍斯共同建立全印独立同盟。1929年当选为国大党主席。此后成为全国知识分子和青年的领袖。1947年8月15日印度作为自治领袖独立，尼赫鲁任总理。从1951年到1964年尼赫鲁执掌印度大权，在经济上实行“五年计划”，实施土地改革。外交上尼赫鲁实行不结盟政策，拒绝参加各国际军事集团。1954年6月与中国总理周恩来共同提出著名的和平共处五项原则。1955年尼赫鲁参与发起并参加了在印度尼西亚举行的万隆亚非会议。在尼赫鲁、铁托和纳赛尔的发起下，1961年不结盟国家首脑会议在南斯拉夫首次举行。

苏加诺（1901—1970），印尼总统，出生于东爪哇苏腊巴亚的土著贵族家庭。一生致力于民族独立斗争，历任印度尼西亚民族政治联盟主席，印度尼西亚党主席，印度尼西亚共和国总统等职务。一贯主张执行反帝反殖的不结盟外交政策，促进亚非人民的团结合作。

玛格丽特·希尔达·撒切尔（1925—2013），英国政治家，英国首相，她是英国保守党这块“男人的天地”里的第一位女领袖，她是英国历史上第一位女首相，而且是创造了蝉联三届、任期长达11年之久记录的女首相。英国自19世纪初叶利物浦勋爵连任三届共15年以后，再没有任何一位首相有过如此之久的执政时间。她是英国历史上第一个以其所推行的一套政策而被冠之以“主义”和“革命”的首相，也是20世纪最优秀的首相之一。

四、牛年发生的大事

1901年农历辛丑年（牛年）

1901年9月7日——清政府签订丧权辱国的《辛丑条约》。

这是近代中国最耻辱的一年，《辛丑条约》签订于光绪二十七年（1901年）辛丑年，故名辛丑条约，亦称《辛丑各国和约》《北京议定书》。走向没落的清政府与英国、美国、日本、俄国、法国、德国、意大利、奥匈、比利时、西班牙和荷兰在义和团运动失败、八国联军攻入北京后签订的一系列不平等条约之一，是丧权辱国的条约。它的签订给中国人民带来了沉重负担，损害了国家主权，进一步加强了帝国主义对中国的全面控制和掠夺，标志着中国已完全沦为半殖民地半封建社会。

1901年12月10日诺贝尔奖被首次颁发。

诺贝尔奖是以瑞典著名的化学家、硝化甘油炸药的发明人阿尔弗雷德·贝恩哈德·诺贝尔的部分遗产作为基金创立的。每年12月10日（除第二次世界大战期间）为诺贝尔逝世周年纪念日，隆重的颁奖仪式在斯德哥尔摩宽敞的音乐厅里举行。现已有百年的历史，世界各国已经有几百名科学家获奖，诺贝尔科学奖获奖范围几乎包括了20世纪发生在物理学、化学、生理学（或医学）、文学和平相关领域的所有科学大事件。

1913年农历癸丑年（牛年）

1913年“二次革命”爆发。

南京临时政府结束后，北洋系军政集团领袖袁世凯取代孙中山出任临时大总统。1913年初由同盟会改组而成的国民党在正式国会的选举中赢得胜利，国民党代理理事长宋教仁准备组织内阁。厉行独裁的袁世凯为阻止国民党执政，派人收买凶手暗杀了宋教仁。7月12日李烈钧在江西湖口宣布独立，“二次革命”爆发。15日，黄兴在南京宣布独立，任江苏讨袁军总司令。17日，柏文蔚在安徽宣布独立。18日，上海、广东分别宣布独立。19日，福建宣布独立。25日，湖南宣布独立。

1913年福特汽车建立世界上第一条流水线。

为了满足市场需求，福特在工厂建立起了汽车生产的第一条流水线作业。使每辆T型汽车的组装时间由原来的12小时28分钟缩短为10秒钟，生产效率提高了4488倍，同时可以节约无数的工时。这一创举使T型车生产达到了1 500万辆，创造了一个前所未有的世界纪录。

1925年农历乙丑年（牛年）

1925年孙中山逝世。

孙中山，原名孙文，中国近代民主革命的伟大先行者，革命的旗帜，革命家、政治家、理论家，被尊称为国父，夫人宋庆龄女士，被尊称为国母。

孙中山曾任“中华民国”第一任临时大总统、中国国民党总理、广州革命政府大元帅。他是中国国民党创始人，三民主义的倡导者。首举彻底反封建的旗帜，“起共和而终帝制”。

孙中山一生奔走革命，从不谋取私利，临终时留下的私产，除了衣物书籍外，只有一幢华侨送给他的上海住宅（即今上海香山路7号——孙中山故居）。孙中山在遗嘱中说，希望中苏“两国在争取世界被压迫民族自由之大战中，携手并进以取得胜利”。1925年3月12日一代伟人孙中山在北京因病与世长辞，享年59岁。

1925年故宫博物院建立。

故宫博物院建立于1925年10月10日。是在明朝、清朝两代皇宫及其收藏的基础上建立起来的中国综合性博物馆，也是中国最大的古代文化艺术博物馆，其文物收藏主要来源于清代宫中旧藏。1961年，经国务院批准，故宫被定为全国第一批重点文物保护单位。1987年，故宫被联合国教科文组织列入“世界文化遗产”名录。

1937年农历丁丑年（牛年）

1937年的“七七事变”，中国全面抗日战争爆发。

七七事变，又称卢沟桥事变、七七卢沟桥事变。日本军队为了占领中国，1937年7月7日夜，卢沟桥的日本驻军在未通知中国地方当局的情况下，径自在中国驻军阵地附近举行所谓的军事演习，并称有一名日军士兵于演习时失踪，要求进入北平西南的宛平县城（今卢沟桥镇）搜查。中国守军拒绝了这一要求。日军向卢沟桥一带开火，向城内的中国守军进攻。中国守军第29军37师219团予以还击。七七事变的第二天，中国共产党中央委员会就通电全国，呼吁：“同胞们，平津危急！华北危急！中华民族危急！只有全民族实行抗战，才是我们的出路！”并且提出了“不让日本占领中国！”“为保卫国土流血”的口号。七七事变是中国全面性抗战的开始，中国在东方开辟了第一个大规模的反法西斯战场。国共实现第二次合作，抗日民族统一战线最终形成，产生了巨大的民族凝聚力。民族危机唤醒了沉睡近百年的中华民族，无情的战争教育了全国各族人民，从沿海到内地、从都市到偏乡僻壤的全中国人民都被动员起来了。全民族的抗日救亡运动迅速掀起，如火如荼。重新焕发出的民族精神和民族气节使中国人民坚持8年抗战，最终战胜日本侵略军。

1937年发生了震惊世界的南京大屠杀。

1937年12月13日，日军进占南京城，在华中方面军司令官松井石根和第6师团师团长谷寿夫等法西斯分子的指挥下，对手无寸铁的南京民众进行了长达6周惨绝人寰的大规模屠杀。“劫后的南京，满目荒凉”。后来发表的《远东国际法庭判决书》中写道：“日本兵完全像一群被放纵的野蛮人似的来污辱这个城市”，他们“单独的或者二、三人为一小集团在全市游荡，实行杀人、强奸、抢劫、放火”，终至在大街小巷都横陈被害者的尸体。“江边流水尽为之赤，城内外所有河渠、沟壑无不填满尸体”。据1946年2月中国南京军事法庭查证：日军集体大屠杀28案，19万人，零散屠杀858案，15万人。日军在南京进行了长达6个星期的大屠杀，中国军民被枪杀和活埋者达30多万人。抗战胜利后，指挥南京大屠杀的刽子手松井石根被远东国际军事法庭处以绞刑，谷寿夫被引渡给中国政府处死。

1949年农历己丑年（牛年）

1949年10月1日，中华人民共和国成立。

1949年10月1日下午2时，中央人民政府委员会第一次会议在北京召开，中央人民政府委员会主席、副主席、委员全体出席并宣布就职，宣告中华人民共和国中央人民政府成立。会议还选举林伯渠为中央人民政府委员会秘书长，任命周恩来为中央人民政府政务院总理兼外交部部长，毛泽东为中央人民政府革命军事委员会主席，朱德为中国人民解放军总司令，沈钧儒为中央人民政府最高人民法院院长，罗荣桓为中央人民政府最高人民检察署检察长。会议还接受中国人民政治协商会议《共同纲领》为本政府的施政纲领。下午3时，首都30万人聚集在天安门广场，隆重举行开国大典。毛泽东主席庄严宣布：中华人民共和国中央人民政府于今日成立了！他在义勇军进行曲声中亲自揿下电钮，升起第一面五星红旗。

中华人民共和国的成立，极大地改变了世界政治格局，给中华民族带来了翻天覆地的变化。中国历史从此进入了人民群众当家做主的、现代化建设新时代。

1985年农历乙丑年（牛年）

1985年的中国，改革开放和经济领域里的大事特别多。长江、珠江三角洲和闽南厦（门）漳（州）泉（州）三角地区，被开辟为沿海经济开放区。为了适应对外开放的新形势，中国政府决定从1985年2月15日起增加67个开放市、县。这一年，国家正式决定建设三峡电站，建立了相应的组织机构。本年度，中国经济高速增长，全年国内生产总值为8964.4亿元，比上年增长13.5%。

1997年农历丁丑年（牛年）

1997年香港回归祖国。

香港回归，俗称九七回归。1982年，英国首相撒切尔夫人访华，邓小平同志因香港前途问题与她进行中英谈判。邓小平同志提出，关于收回香港主权问题，可以用“一个国家，两种制度”的方案解决。他强调：“关于主权问题，中国在这个问题上没有回转余地。”“应该明确规定：1997年中国将收回香港。”双方最后同意，通过外交途径商谈解决香港问题。双方于1984年签订协议。1997年7月1日零点，中华人民共和国国旗和香港特别行政区区旗在香港升起，经历了百年沧桑的香港回到祖国的怀抱，中国政府开始对香港恢复行使主权。港澳回归是“一国两制”方针的伟大胜利。它洗雪了中国人民一百多年蒙受的耻辱，标志着中国人民向祖国统一的伟大目标迈出了重大的一步。

参考文献

[1]马如森，殷墟甲骨文引论.[M].沈阳：东北师范大学出版社，1991。

[2]郝懿行，尔雅义疏.[M].北京：中国书店影印本。

[3]许慎撰，段玉裁注.说文解字注.[M].上海：上海古籍出版社，1988。

[4]张传玺，中国古代史纲.[M].北京：北京大学出版社，1991。

[5]何星亮，中国图腾文化.[M].北京：中国社会科学出版社，1989。

[6]王红旗，神妙的生肖文化与游戏.[M].北京：三联书店，1992。

[7]宋长宏，中国牛文化.[M].北京：民族出版社，1997。

[8]中国生肖文化，[M].北京：外文出版社，2010。

[9]冯洪钱，动物趣谈.[M].北京：科学技术文献出版社，2008。

[10]乙丑贺岁.[M].北京：人民美术出版社，2008。

[11]巫龙春，十二属相谜语成语欣赏.[M].北京：金盾出版社，2011。